吴岱峰　主编

我们探寻的
地理教育世界

安徽师范大学出版社

· 芜湖 ·

责任编辑：孙玉洁

装帧设计：张培树

图书在版编目（CIP）数据

我们探寻的地理教育世界 / 吴岱峰主编. —芜湖：安徽师范大学出版社，2016.9（2017.9重印）
ISBN 978-7-5676-2486-3

Ⅰ.①我… Ⅱ.①吴… Ⅲ.①中学地理课—教学研究 Ⅳ.①G633.55

中国版本图书馆CIP数据核字（2016）第112293号

我们探寻的地理教育世界

吴岱峰　主编

出版发行：安徽师范大学出版社

芜湖市九华南路189号安徽师范大学花津校区　　邮政编码：241002

网　　　址：http://www.ahnupress.com/

发 行 部：0553-3883578 5910327 5910310（传真）　 E-mail：asdcbsfxb@126.com

经　　　销：全国新华书店

印　　　刷：虎彩印艺股份有限公司

版　　　次：2016年9月第1版

印　　　次：2017年9月第2次印刷

规　　　格：700 mm×1000 mm　　 1/16

印　　　张：15.5

字　　　数：272千

书　　　号：ISBN 978-7-5676-2486-3

定　　　价：38.90元

序

　　教育世界,广袤无际,烟波浩淼,地理教育只是其中的一部分。我们一群人,大多沉浸在教育里有20多个春秋。回首走过的教育之路,时光如梭,风雨兼程。

　　本书选题缘于工作室即将完成阶段性工作,在与外省、市交流中产生的想法,即把名师工作室教师们近年来的地理教学实践和思考进行系统整理,这既是对工作室全体教师辛勤工作的一份尊重,也是对工作室几年来工作情况的一个记录,记录我们曾经一起走过的教育之路、生活之路。

　　我们这个团队最初形成于2008年前后,当时大家主要是对高考试题进行研究,每年高考后,我们十多人在一起,利用半天或者一天时间讨论高考试题,以及高三备考教学的一些内容。2013年,蚌埠市教育局搭建了名师工作室这样一个平台,使大家可以有更多机会学习和探讨地理教学。

　　三年来,工作室本着"热情、关心、做事"的理念,通过开展专业书刊学习,参加全国、全省地理教学专业会议,送教下乡,地理野外考察,听评课等形式多样的活动,结合个人发展规划、科研课题等,立足身边的地理教学实践,打造名师团队,提高工作室教师的业务水平,促进了教师教学境界的提升。同时,工作室通过在全省地理教学专业委员会学术年会上进行课堂教学展示,在省、市地理教研活动中开设教学专题讲座,指导教师参加全国、全省地理教学比赛,在全国教育类期刊上发表论文,在中国教育学会地理教学专业委员会学术年会论坛上进行论文交流等活动,提升了工作室在省内外的影响力,发挥了工作室引领、示范和辐射的作用。工作室逐步探索和建立了"专家引领+同伴互助+自我反思"的教师发展模式,取得了可喜的成效。今后,我们将继续秉持"每个人前进一小步,地理教育前进一大步"的理念,以学生的发展为己任,踏实工作,为努力形成富有创造力的地理教师团队,为全面提高教师的业务素质,为蚌埠教育发展贡献力量。

　　本书所收入的文章是工作室的教师在探索地理教育世界时留下的一串串脚印。我们用双脚去探寻和丈量地理教育世界。教育是朴实的事情，只有一步一步去探寻和丈量，才能够真正走近它。其间，有跋涉的艰辛，有治学的喜悦。这里每一个脚印都包含教育故事，每一个脚印都见证教师成长，如今都化作坚守教育的勇气，继续走在探寻的路上。这是一条探寻之路，是一条自我教育之路，也是一条不断感悟教育之路。虽然，也可能对教育并没有真正地觉悟，但是，我们在路上。

　　在此，诚挚感谢蚌埠市教育局各级领导对工作室的关心、支持和帮助，使工作室教师在这一平台上，更好地开展地理教学研究和实践。

　　工作室是大家的，虽然市教育局在开展这项工作时以我的名字命名，但这个工作室实际上是"蚌埠市地理教师学习团队"。工作是大家做的，我个人只是做了本职的事情，微不足道。

　　书中的文章是工作室成员近年来地理教学实践与思考的结晶，蕴含着教师们的智慧，值得体悟、感受。书中所收入的文章是从工作室教师发表、评选获奖的论文和教学设计，以及地理教学课题研究中选择的，并在尽量保持原貌的基础上做了完善，个别文章题目有改动。还有一些文章，限于篇幅割爱了。已收录的这些是我们行进中或深或浅的思考，也是工作室各位教师潜心教育的真实写照。

吴岱峰

2016年岁初

目　录

第三篇　地理高考研究

第四篇　地理教学设计研究

第五篇　地理教学课题研究与地理野外考察

第一篇 DI YI PIAN

地理教育观念

新课改下地理课堂教学有效性的思考①

吴岱峰

（安徽省蚌埠市教育科学研究所）

新课程改革以来,地理课堂教学产生了一些新的问题和困惑,出现课程改革的"高原现象"。面对困难和问题,解决的关键在于回归常态课堂,提高课堂教学的有效性,创造性地实施地理教学,在充满生命力的教学活动中,实现教育生态的和谐,实现教师和学生的共同成长。

一、培养具有创造意识的教师是提高地理课堂教学有效性的关键

实现地理有效教学包括"上位"和"下位"两个层面:"上位"层面是教育价值观问题,包括教师的地理教育理想、人生价值追求等;"下位"层面是地理教学技术问题,包括教师的教学、课程资源的开发与使用、教学评价等。教师的教育价值观决定了教师的职业态度和教育行为。提高地理课堂教学有效性的关键在于教师转变教育观念,实现专业自觉,把对有效教学的追求转化为自觉的行动。

解决课程改革"高原现象"问题的出路在于改造课堂,聚焦常态教学,优化常态地理教学的质量,培养具有创造意识的地理教师。

二、地理课堂教学有效性的几个教学技术层面问题

新课程改革背景下的地理课堂,实施有效教学需要把握四个方面的问题:

(一)地理课程标准与教材之间的关系

课程标准是我们实施教学、实施评价的依据,是教材编写的依据,也是实现有效教学的依据。然而,在实际教学中,教师对教材关注多,对地理课程标准关注不够。

---

① 原文发表于《中学地理教学参考》2008年第9期,第6~7页,并被中国人大复印资料全文收录。

　　教师在备课过程中,对于具体的教学内容,首先要看这节内容对应的地理课程标准是如何表述的,注意分析课程标准与教材之间的适切度。标准中的"点"一般对应教材中"面",其内容的顺序和教材中的表达顺序往往不一致,课程标准和教材在表达上存在着一致性和差异性,其中的差异性体现了教材编写专家对课程标准的理解和对实际教学的考虑。地理课程标准与教材之间的"空间",为教师创造性地使用教材增加了可能。例如,教师可以结合当地实际,对教材的具体教学内容在使用的顺序等方面进行调整等。

　　在教材的使用过程中,要注意厘清教材在课程标准落实、学习目标设定、教学内容选择、框架体系结构、呈现方式、学科思想体现、教学方法等方面的思路,明确哪些内容是课标规定必须达到的基本要求,以及要达到什么水平? 落实课标要求的关键是什么? 教学中,教师应该注意体现地理学科的视角和方法。

　　把握课程标准与教材关系的本质是教学观念问题。教无定法、因材施教是最基本的教学原则,教师要因时、因地,依据地理课程标准,创造性地使用教材进行教学。

(二)师生关系的构建与有效的地理课堂交流

　　在教学活动中,教师通过自己有目的、有针对性的教学设计实现教学目标。教学是师生的共同活动,师生活动的质量直接影响教学目标的实现程度。

　　师生关系是决定课堂教学效率的关键性因素之一。亲其师,信其道。在新课程改革的背景下,师生关系是平等的,教师是教学活动的组织者、合作者和参与者。教学的本质是一种交流行为,交流状态下的师生关系是平等的、互信的。这种交流状态不仅仅使师生关系融洽,更重要的是能够使双方对未来的学习产生积极的期待。

　　促进有效教学,建立有效的课堂交流。从教师角度来说,我们要清楚地了解自己的教学,并制订相应的教学计划。教育家布鲁姆曾说,有效的教学,始于期望达到的目标。学生从开始时就知道教师期望他们做什么,那么他们便能更好地组织学习。教师要明确在课堂教学活动中的责任,并在活动中不断调整教学,使之与学生的学习能力和学习期望相适应;同时,还应当使学生对教师的教学期望有所了解,教师对自己的教学行为应当具有一定的预见性。

　　在地理教学活动中,要追求教学方式、交流模式的多样化,避免教学过程形式化、程序化;要提高教学的针对性和实效性,避免把"对话交流"变成"问答"。在师生交流活动中,要关注教学过程是否流畅和完整;注意改进课堂交流模式,提高学生的参与度和参与质量;综合运用纪律控制、目标控制和评价控制等控制方法,培养学生的自我控制能力;调整教、学双方的活动,促进地理有效教学的实现。

(三)开发和使用地理课程资源,促进有效教学

积极地开发和使用地理课程资源可以促进有效教学。要努力探索地理课程资源的优化,明确地理教科书作为核心课程资源的地位;要注意研究课程资源的多样化、系列化与教学有效性之间的关系,鼓励建立符合当地教学需要的课程资源库,实现课程资源区域内的充分利用。

地理课程资源的开发和使用要注意四个方面的问题:

第一,课程资源的开发要依据地理课程标准的要求。开发课程资源要研究课程标准,依据课程标准,避免脱离实际教学要求、脱离课程标准要求的现象。

第二,为提高地理课堂教学有效性,在地理课程资源的使用上,要努力做到适切、适时、适度。注意课程资源的使用策略,把握恰当的时机,努力使课程资源的使用效率达到最优。

第三,树立在课程资源开发上的正确观念,那种"要为教师减负,开发大量资源,让他们想用什么就有什么"的观点是不恰当的。一方面,要为教师提供丰富的课程资源;另一方面,要引导教师发挥创造性,积极开发课程资源。新课程改革背景下的地理教师,应该拥有自己的课程资源视角,体现教师的教学个性和创造力。

第四,要有效利用课程资源,避免教学内容的泛化;要注意地理课程资源的科学性,注意避免忽视地理教科书,把联系实际变成一种"装饰"的教学倾向。

(四)完善地理教学活动的评价,实现教育增值

完善地理教学评价是实现有效教学的保证。新课程改革背景下的评价,要注重评价的发展性、多元性,过程性与终结性相结合。评价活动要与实际教学过程相结合,追求地理教学的思维能力培养,注重教学过程中的多元评价,促进终结评价的有效实现。教育评价的目的在于实现教育增值,即通过分析评价资料,发现问题,调整教学,促进教学质量的提高,实现有效教学。

实施有效教学,落实到课堂教学评价上,就是评价课堂教学的有效性。评价的核心内容包括有效的课堂教学设计、学生参与度和师生合作三个方面。课堂教学评价的对象是教师与学生在课堂上的活动及效果。

对教师的课堂地理教学活动评价,涉及教师对学科知识的掌握,对学生的

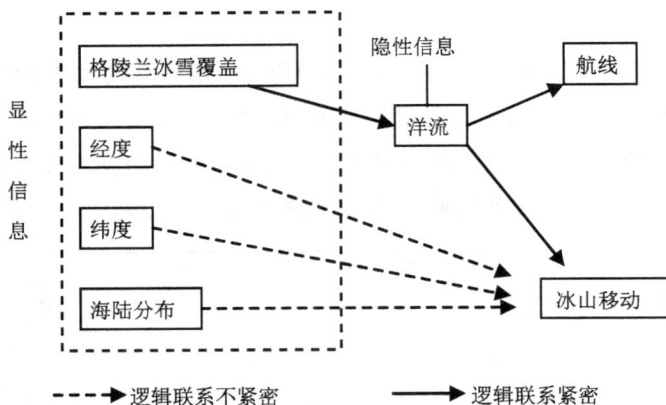

图2　试题地理信息之间的逻辑关系

第1题中①、②纬度低,且洋流的流向是从低纬到高纬,③附近有从格陵兰岛南下的寒流,根据题干提示"格陵兰岛大部分终年被冰雪覆盖",因而③附近是最有可能出现冰山的海域,④纬度最高,但由于其附近有暖流,水温高,不可能出现冰山。第2题中甲乙之间航线正好与北大西洋暖流的移动路线大致吻合,沿甲乙之间航线航行的邮船往、返时间不同主要受北大西洋暖流的影响,顺流或逆流导致邮船往、返时间不同。

【参考答案】1.C　2.B

二、筛查设问要求,探求思路突破

近几年高考试题的设计强调知识间的联系,突出对学科思维方法和学科能力的考查,多采用"题组情境鲜明、知识相对分散"的形式来组题,特别是有些难度系数比较高的试题,涉的考点跨度大或者试题信息与设问的逻辑联系不明显,再加上试题的设问有梯度,思维的层级转换也很大,造成学生的失分率比较高,这也是学生对地理望而生畏的重要原因之一。所以在试题讲评中,教师可以用地理图示帮助学生梳理信息与设问之间的逻辑联系,帮助学生提高分析试题时所需要的"知地、析因、究理、明法"的能力,提醒学生学会筛查试题的设问要求,明确试题的考查意图,探寻设问与试题信息之间的连接支点,最终探求思路突破。

　　例题2:锋线指锋面与地面的交线。图3是某年5月10日—12日某地区锋线及雨区分布情况,读图回答1~2题。

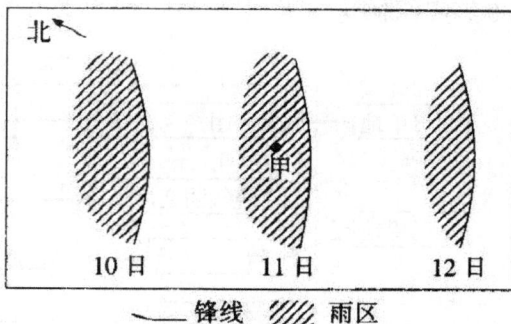

1.该锋面属于(　　　)

A.北半球冷锋

B.南半球冷锋

C.北半球暖锋

D.南半球暖锋

2.10日至12日期间,甲地气温最低的时刻出现于(　　　)

A.11日的深夜　　　　　　　B.12日的深夜

C.11日的日出前后　　　　　D.12日的日出前后

图3　某地区锋线及雨区分布情况示意

【讲评思路】

　　本组试题考点清晰,指向明确,但是已知地理信息与选项之间的逻辑联系不清晰,学生一般难以找到清晰的思路,需要老师画出地理信息之间的逻辑关系图(图4),帮助他们逐一分析试题中的方向标、锋线、日期、雨区位置等四个信息之间的逻辑联系。

　　第1题,首先需要引导学生从图3中的日期变化来判断锋面的移动方向,其次结合雨区的位置主要在锋后等信息进一步判断锋面类型,最后根据冷气团在偏北位置上的冷锋主要分布在北半球作答。

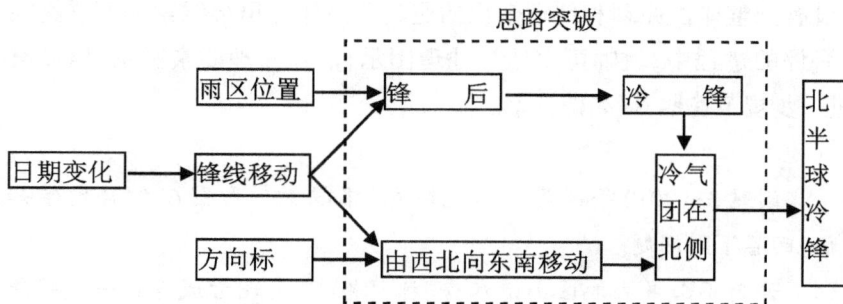

图4　试题地理信息之间的逻辑关系

　　第2题,首先需要启发学生发现在不同日期甲地的控制气团和阴晴状况差别显著,再结合"在一天当中气温最低的时间是日出前后"这个重要规律,就不难判断答案(图5)。

思路突破

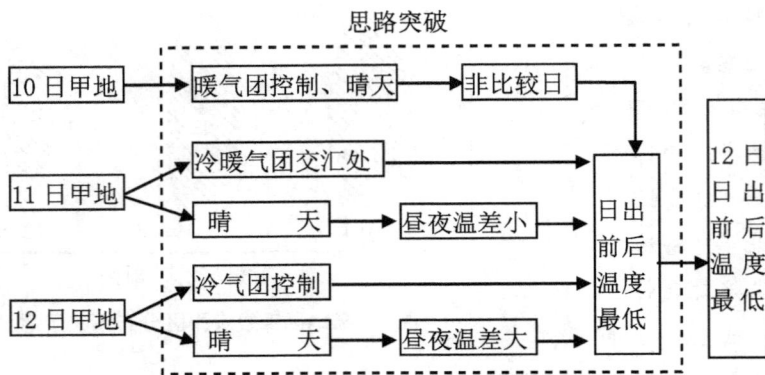

图5　试题地理信息之间的逻辑关系

【参考答案】1.A　2.D

三、抓住问题主旨,规范答题路径

　　总体上来说,地理综合性试题大多围绕"因素、理由、意义、影响、措施"等核心问题设问,考查学生运用地理知识、原理、规律分析、评价和解决地理实际问题的能力。这类试题充分挖掘地理学科的本质特征,多选取新颖的图表素材作为载体,运用整体性的原理推导地理要素之间的联系,归纳区域特征,比较区域差异;以人地关系为主线评价地理环境对人类活动的影响,探讨解决区域的发展等问题。尽管有些知识点常讲常考,但是失分依然很多,究其原因,除了学生没有能够把人地协调、可持续发展的观念作为答题的思想主线之外,还有部分学生没有把整体性原理和地理知识的逻辑联系作为思维线索和答题路径。在试题讲评的过程中,教师可以通过地理图示,清晰梳理要素联系,抓住设问主旨,进一步规范答题,提高得分率。

　　例题3:(2012年高考安徽文综卷)根据材料和图6,结合所学知识,回答下列问题。

　　云南苍山洱海地区山清水秀、林茂粮丰,大理古城宛如一颗明珠镶嵌在青山绿水之间,人与自然和谐统一。

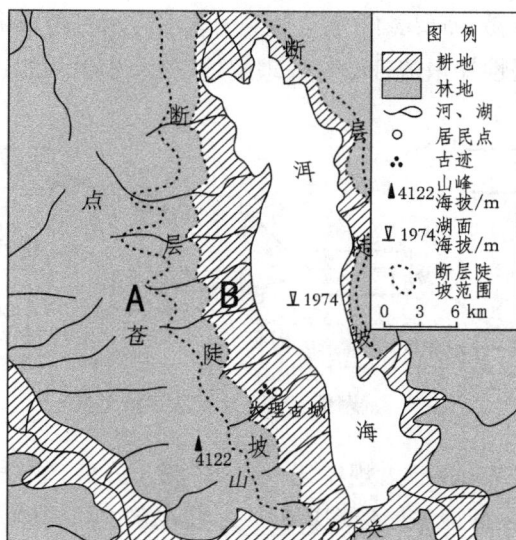

图6　云南苍山洱海地区土地利用类型示意

(1)图中A地、B地的地貌分别为_____、_____,从内外力作用的角度分别说明它们形成的主要过程。

(2)如果在洱海西岸大规模建设住宅,可能对地理环境产生哪些不利影响?

【讲评思路】

高考试题的命制秉承"知识抽样、能力覆盖"的原则,考查的知识落点源于课标但不拘泥于课标;"以能力立意"的考试强调能力结构,考查运用所学的知识和技能分析问题并解决问题的能力,注重考查运用知识的质量。因此,在试题讲评的过程中,教师要帮助学生认识到记忆理解是基础,思考运用才是目的。为了更好地帮助学生运用所学知识,教师在试卷讲评的过程中,需要帮助学生厘清问题所涉及的知识点之间的逻辑联系并推断试题的主题思想,通过地理图示梳理清楚问题的直接原因与根本原因或者直接影响与间接影响的逻辑顺序,从而达到准确把握答题要点的目的。

第(1)小题,从图中断层陡坡范围可知A地、B地分别为断层的两侧,A侧岩体相对上升,形成断块山;B侧岩体相对下降,形成谷地,同时流水等外力不断将风化、侵蚀产物搬运到谷地边缘堆积,形成洪积-冲积平原。这看起来很简单,但是得高分却不容易,需要教师帮助学生用地理图示将断块山地形成、洪积-冲积平原形成等过程性知识梳理清楚并理解透彻后,学生才能用自己的语言准确描述。

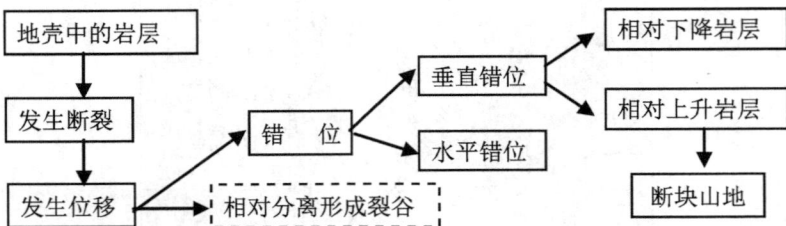

图7　试题地理信息之间的逻辑关系

第(2)小题,需要围绕"大规模建设住宅"深入分析其对地理环境可能产生的影响,要求比较全面地掌握地理事物或地理现象之间的整体联系。根据材料二中提示"苍山洱海地区山清水秀、林茂粮丰,大理古城宛如一颗明珠镶嵌在青山绿水之间,人与自然和谐统一",如果在洱海西岸大规模建设住宅,那么这些"景致"将被破坏。利用图示(图8)启发学生从材料中发现可能对地理环境造成的不利影响,既能帮助学生明晰思路,又能帮助学生发散思维,提高思维的缜密性与严谨性。

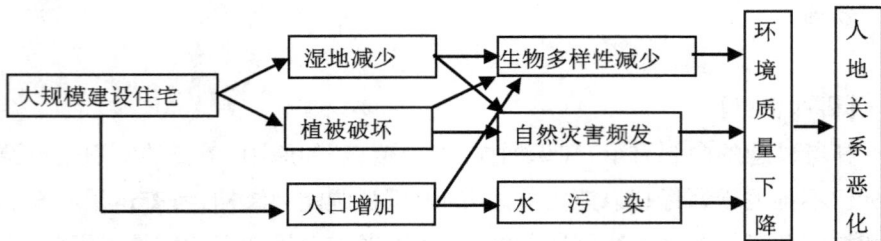

图8　试题地理信息之间的逻辑关系

【参考答案】

(1)断块山　洪积-冲积平原　内力作用形成断层,断裂面两侧岩体以垂直方向运动为主,A侧岩体相对上升,形成断块山;B侧岩体相对下降,形成谷地,同时流水等外力不断将风化、侵蚀产物搬运到谷地边缘堆积,形成洪积-冲积平原。

(2)占用耕地和湿地,影响农业生产,湿地的功能减弱、效益降低。人口增多,林地遭破坏,入湖污水增多,生物多样性减少,自然灾害增多,环境质量下降,不利于大理古城的保护,人地关系恶化。

　　教师应充分利用试题资源,在试卷讲评过程中用形象化的图形、表格将试题所涉及的地理概念或规律表示出来,通过再次梳理地理事物之间的内在联系,进一步强化学生头脑中初步形成的知识联系,让学生在知识的重新建构中不断培养良好的学习习惯、严谨的思维方法、牢固的空间概念、敏锐的信息意识、清晰的表达能力,从而达到提高解题能力的教学目的。

浅谈"问题研究"的作用与教学①

刘继英

（安徽省五河县第一中学）

新课程标准下的人教版高中地理必修教材与老教材相比，一个明显的变化是在每章后围绕本章的重点内容或核心思想增加了"问题研究"，即选择一些学生感兴趣的话题（主题），开展研究性学习。其侧重点在于研究的过程和方法，而研究结果具有开放性。它不仅引导师生探究现实中的地理问题，还倡导学生自主学习，强调开展地理实践活动。这充分体现了课程标准中"重视对地理问题的探究"这一基本理念。

这一点也是教材中的创新点，但在实际的教学中，却没有得到应有的重视。据笔者了解，在"问题研究"的教学中，普遍存在以下几类问题：

（1）放弃"问题研究"。这类教师认为"问题研究"属于研究性学习，不在高考之列，功利心使其思想上没有加以重视。另外，可能是因为课时紧张，就不加以处理，放任学生自己看，不了了之。

（2）重问题轻研究。由于"问题研究"的备课过程需要查阅大量资料，很多教师为省事或者是因为教学任务重而未充分准备，往往课前不布置任务，课上不讨论研究，直接给出课本所提问题的答案。

（3）重视"问题研究"。主要采用研究性学习常用的方法——学生讨论的方式进行。不过参与的学生不多，效果不是很理想，久而久之就慢慢地演变为仅就课本上提供的材料进行研究了。

下面就"问题研究"的作用与教学策略作一简介，希望能引起同行们对这一教材"创新点"的教学关注。

---

① 原文发表于《中学地理教学参考》2008年Z1期，第37-39页。

一、"问题研究"的作用

（一）拓展教材内容，促进三维目标的达成

地理必修三本教材中共有 16 个"问题研究"，每个问题都有一定的地理视角，能引导学生迁移相关知识；每个专题都有一定的地理思维过程，能帮助学生掌握更多的地理分析方法；每个专题都隐含有一定的情感、态度和价值观，能培养学生具有反思的科学意识和关注社会的责任感。因此，"问题研究"是章节学习时必要的补充和拓展，是促进三维目标达成的重要教学内容（见表 1）。

表 1　人教版必修教材中的问题研究分析

册	章	问题研究	拓展的教材内容	达成的三维目标								
				知识与技能			过程与方法			情感态度与价值观		
				迁移相关知识	开展地理调查	运用地理图表的技能	搜集处理地理信息	掌握地理分析方法	合作研究提出解决方案、反思成果	增强社会责任感	培养正确的环境观	提高生活质量
必修一	第一章：行星地球	月球基地应该是什么样子	地外生命	√			√		√			
	第二章：地球上的大气	为什么市区气温比郊区高	热力环流	√		√						
	第三章：地球上的水	是否可以用南极冰山解决沙特阿拉伯的缺水问题	洋流	√					√		√	
	第四章：地表形态的塑造	崇明岛的未来是什么样子	外力作用	√		√	√					
	第五章：自然地理环境的整体性与差异性	如何看待我国西北地区城市引进欧洲冷季型草坪	地理环境的差异性	√			√	√	√		√	

	章节	问题研究	主题						
必修二	第一章:人口的变化	如何看待农民工现象	人口迁移			√		√	√	
	第二章:城市与城市化	从市中心到郊区,你选择住在哪里	城市地域结构	√	√	√				√
	第三章:农业地域的形成与发展	家乡的农业园区会是什么样	现代农业	√				√		
	第四章:工业地域的形成与发展	煤城焦作出路何在	传统工业区	√			√		√	√
	第五章:交通运输布局及其影响	北京的自行车是多了还是少了	城市交通		√					√
	第六章:人类与地理环境的协调发展	绿色食品知多少	可持续发展	√	√		√			√	√

　　从表1中可以看出,"问题研究"在拓展教材内容、达成三维目标,尤其是"过程与方法"目标上具有重要作用。其培养了学生搜集、处理、分析地理信息的能力,让学生学习"对终身发展有用的地理"。

(二)激励教师研究,培养科研型、专业型教师

　　从内容上看,"问题研究"由一些资料和相互具有逻辑关系的问题组成,问题往往没有现成的答案,而且答案往往具有开放性。因此,教师首先要研究,尤其是面对科技前沿、社会焦点、规划类的问题,事先必须翻阅大量的参考书籍或专业书籍,搜集信息,并对各种信息资源进行反复研究、精选、整合、创新,最后形成"问题研究"的参考答案。有了充分的准备,在课堂上才能用丰富的、科学的、专业的知识引领学生,帮助学生拓宽视野,提高能力,才能更好地驾驭"问题研究"的课堂。

　　从这个意义上说,"问题研究"首先培养的是教师,它促使教师去深入研究,了解专业前沿,并拓展专业深度、广度,促进教师自身的专业成长,有利于培养科研型、专业型的教师。

(三)开放学习时空,促进学生自主研讨

　　每一个"问题研究"都是内涵丰富、包含许多具体问题的有价值的议题。要完成这些问题的探讨,必须经过资料准备、调查研究、分析讨论、形成观点、总结交流的完整过程。这个过程需要有充裕的研究时间和拓展到课外的实践空间,需要有学习共同体的群策群力。因此,"问题研究"为开放学习时空,促进学生自主学习创造了有利条件。

为了便于学生自主学习,每个"问题研究"既给出了研究思路,又提示了操作程序,比如分工、执行任务、分析预测、分析反思、评价建议、规划绘图等都有着明确的操作性。在思路、程序及由浅入深的问题的引导下,学生的自主学习水平将会逐步得到提升。

二、"问题研究"的教学策略

"问题研究"教学策略的核心是促进学生对问题的探究,所以为了促进学生的参与,教师要针对不同类型的"问题研究"采取不同的策略。

(一)搜集、整合信息,培养学生的信息能力

该教学策略适用于信息量大、综合性强的问题研究。学习时空须延伸到课外,并按照研究性学习的一般方法进行。其操作要点是:第一,按课本提示的研究思路,分解复杂问题,形成相互协作、互为逻辑的小问题,并确定每个问题研究的侧重点。第二,组建研究小组,每个研究小组"认领"一个问题,设计研究方案。第三,搜集、概括、整合信息,形成研究成果。要注意整理研究过程中的原始资料。第四,研究成果汇报课:交流、共享、评价、综合,共同生成问题研究的最终成果。

该方法强调在研究性学习过程中,通过合作、竞争与分享,全面培养学生在各个层面上的信息能力,包括搜集、检索信息的能力,概括、整合信息的能力以及生成、创造信息的能力。例如,"问题研究:如何看待农民工现象"可采用上述思路,主要教学结构如图1所示:

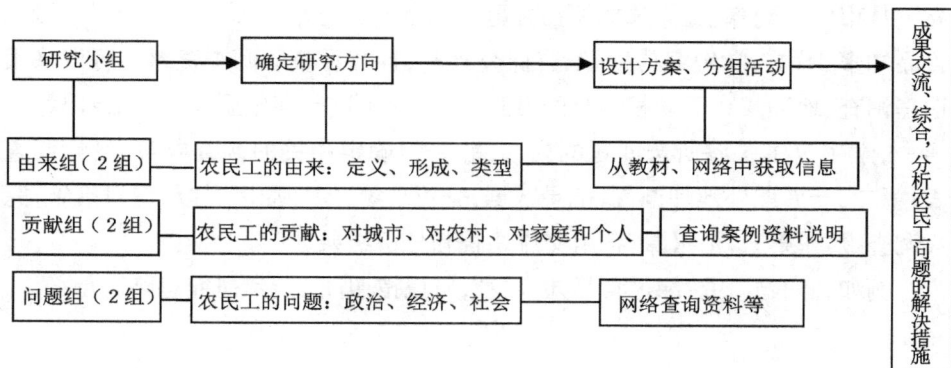

图1 "问题研究:如何看待农民工现象"教学思路结构

(二)分析案例,尝试规划,培养学生的规划能力

此种教学策略主要适用于规划类的问题研究,如"月球基地应该是什么样子""崇明岛的未来是什么样子""家乡的农业园区会是什么样"。其教学步骤是:第一,师生共同研究案例,了解规划思想和规划原则;第二,教师示范,模拟规划,让学生了解操作要点;第三,学生自主规划,设计绘制规划图,相互交流评价。

例如,"问题研究:家乡的农业园区会是什么样",可以采用上述教学策略,其研究过程如下:

研究过程	学生行为描述	三维目标
了解任务	激发探究兴趣,引起学生关注	知识与技能:学习现代农业的基本原理,并学以致用 过程与方法:根据所给地理条件,绘制农业园区的规划平面图 情感态度和价值观:体验因地制宜的综合决策过程
学习案例	分析课本案例——红太阳农业园,获得现代农业园规划理论 生态农业规划:种养结合,废物综合利用 立体农业规划:构建"立体农业",节约土地资源 观光农业规划:农业+旅游业,靠近大城市,交通便利	
规划农业园区	1. 从以下四种情境图中选择一种进行农业园区规划 ①我国北方某地的农业园区规划:无河、多草、无山、近城 ②我国南方某地的农业园区规划:有河、有塘、有山、远城 ③XX区(本地)的农业园区规划(城市郊区) ④XX区(本地)的农业园区规划(丘陵地区) 2. 分组讨论,草绘农业园区规划图(注意:要保证每个规划至少有2种不同方案,以便于比较和评价)	
交流评价	各组派代表展示规划图,自评规划中的创新亮点,并接受其他组的评价,解答疑问,共享成果	

(三)开展调查,撰写分析报告,培养学生的综合实践能力

社会焦点、生活热点类的问题贴近学生生活,如"为什么市区气温比郊区高""从市中心到郊区,你选择住在哪里""北京的自行车是多了还是少了""绿色食品知多少"等,学生容易感知,有探究兴趣,且容易获取调查资料。可以采用地理调查、地理实践活动相结合的方式,引导学生进行问题研究。一般步骤是:第一,学生自主了解所选课题的内容,并分组确定相关的调查内容,设计调查表;第二,开展课外地理调查,记录数据,分析现象,解释原因,提出应对措施,完成调查报告;第三,汇报课:各组交流调查和分析结果。

例如,"问题研究:绿色食品知多少",可以按照图2所示研究思路进行:

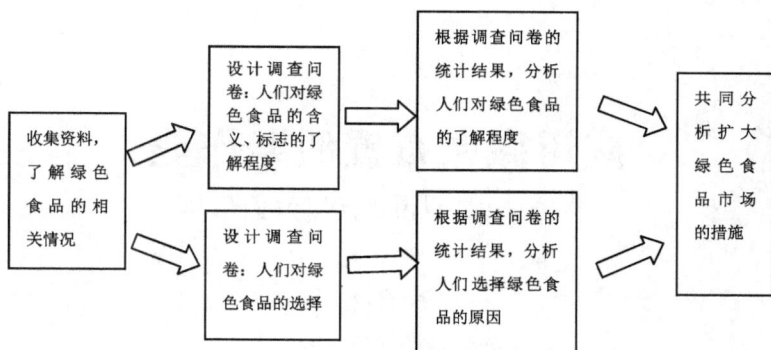

图2　"问题研究:绿色食品知多少"教学思路结构

　　教学有法,但教无定法。面对同一个研究问题,不同的教师可能采取不同的方法,但不管用什么方法,一定要能够让学生保持探究的热情,建议把教材中"问题研究"中难度大、内容多的"问题"重新设计。原则上,设计的"问题"难度要适合学生的认知特点,尽量具体化。如果是大问题,要转化成小问题,较难的问题要加以分解、分析,这样学生才能够顺利开展研究。问题的难度最好能达到"跳起来能摘到果子"的效果,而教师在这个过程中也要孜孜不倦地探索新的教学策略。

应用微课布置假期作业
——以"世界地理"为例[①]

朱新艳

（安徽省蚌埠市第三中学）

地理教师如何在假期帮助学生及时解决地理学习中遇到的问题，让学生更好地完成假期作业？怎样才能让学生在假期中学习得更有效果？笔者认为，微课是一种较为理想的形式。

一、微课应用于假期作业的可行性

微课以视频为主要载体，具有四个突出特点：①教学时间较短，时长一般为3至8分钟；②教学内容较少，主要突出教学中某个知识点或技能；③资源容量较小，适用于基于移动设备的移动学习；④以自主学习为主。

笔者通过问卷调查了解到几乎所有学生都表示可以通过手机或电脑上网，显然微课学习的基本条件已具备。那么，在微课学习中教师需要注意哪些问题呢？以世界地理复习为例，笔者认为应该做到以下两个方面。

（一）根据学生特点，确定微课主题

在以往的教学中，笔者发现学生区域地理方面的基础知识非常薄弱，究其原因主要有以下五个方面：

第一，安徽省初中地理未纳入中考，大多数学生在初中地理基础知识学习时重视程度不足，造成基础知识的欠缺。

第二，区域地理知识比较薄弱，可能与有的教师对新课标的理解有关。区域是一些重要的、具有典型地理意义的地理事物及其特征的载体，而这恰恰也是探讨、论证地理问题的必备前提。

第三，初中阶段强调的是对地理知识的感性认识，初步掌握地理基础技

---

① 原文发表于《中学地理教学参考》2015年第1期，第40-41页。

能。与初中阶段不同,高中阶段则强调理性认识地理环境,要求理解地理环境的特征、发展变化,运用地理原理进行分析,并归纳总结。这种初、高中教学着力点的差异,即"初中的知识,高中的能力",在一定程度上增加了学生学习初中地理的难度。

第四,死记硬背学习区域地理的方法只能让学生记住"有什么""在哪里",却不知道"为什么",更谈不上如何将所学知识灵活迁移,从而分析、比较得出"怎么办"。

第五,高中地理教学课时有限,区域地理缺乏系统复习。

基于以上原因,笔者尝试录制了三节微课,分别是:第一节"世界地理在高考中的地位及侧重点",第二节"探究南美",第三节"高考真题解析"。

(二)案例展示

第一节微课旨在培养学生对地理有系统的认识,知道初、高中知识的结合点。因此,首先要提供给学生学习思路,即世界地理复习中不能死记硬背;其次,要重视读图,明确区域定位,熟识一些经过的大洲或海洋的重要经纬度;最后,要了解初中知识在高考中的侧重点,如图1、图2所示。

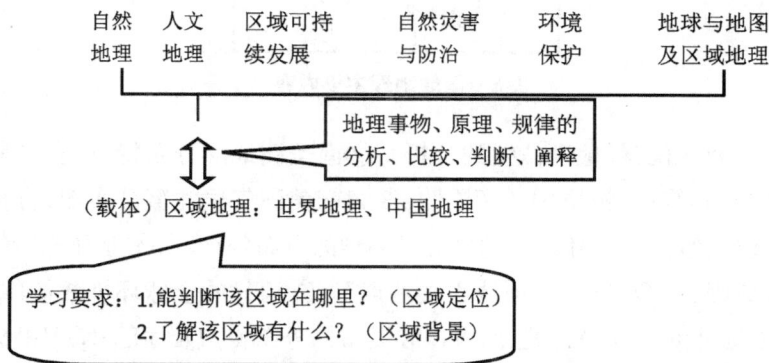

图1　世界地理在高考中的地位

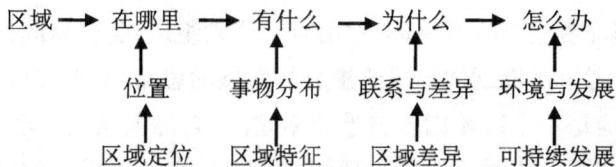

图2　区域地理教学的侧重点

　　第二节微课以南美洲为案例,基于2014年世界杯,以世界杯官方宣传片作为片头,带学生回忆"激情六月"。学以致用,学习内容与生活热点相连。根据初中课标,把握大洲学习的一般规律(图3),学会分析区域的自然地理特点和社会经济地理特点。同时,注重初中知识与高中知识的有效结合,给出学生如下学习提纲:

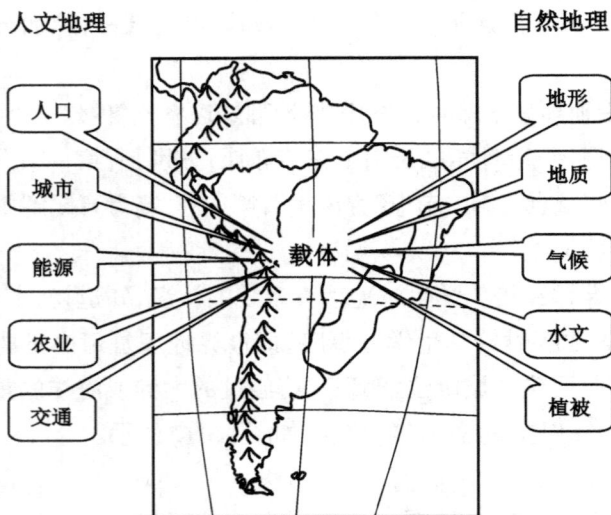

图3　区域地理主要内容

　　①南美洲的位置(地理位置的分析);②南美洲地形分布特点、安第斯山脉的成因(结合必修一"板块构造理论");③读南美洲气候类型分布图,查找特殊分布的气候类型(结合必修一"世界气候类型的分布规律");④亚马孙河的水文特点及其成因(结合必修三"河流水文特点");⑤雨林的全球环境效益(结合必修三"热带雨林的开发");⑥巴西人口和城市的分布特点及原因;⑦阿根廷主要农业地域类型的特点及成因(结合必修二"大牧场放牧业");⑧巴西的工业分布及特点(结合必修二"工业区位影响因素")。

　　区域地理环境是统一的整体,它由若干要素组成,各要素间是相互联系、相互制约的。笔者采用提纲的形式给出分析区域的思路,对世界区域进行不断的知识再现,明确每一个区域内各自然要素之间、自然要素与经济发展之间的因果关系和制约关系,这样才能真正理解整个区域特征形成的前因后果,形成有利于学习的知识网络。

二、学生的反馈意见

微课发布以后,学生很快给出反馈意见,积极的评价主要如下:

1.促进学生积极思考

初中世界地理难度不大,但内容较多。学生在自主学习时感觉压力较大,通过观看微课,知道要注重与高中知识相结合,促进了学生的思考及对知识的取舍记忆。

2.增强学习信心

高三地理复习包含必修的3本教材、选修的2本教材,还有初中的4本教材,学生压力很大。如今假期不补课,通过教师上传的微课,学生掌握了地理学习方法,增强了学习信心。

3.开阔了视野,做到了减负增效

通过教师的试题分析,学生解题思路更加清晰。同时,微课可以适时播放,减少了抄写、整理的过程,提高了学习效率。

另外,反馈意见中还有一些是对教师的建议,诸如微课的数量不足、综合性强、例题讲解较少等,这些都有待教师不断改进。

学生的留言,促进笔者的思考。目前的微课是以笔者的思路在引导学生学习,而学生的学习是以学生的思路在学,怎样做到思路一致,也是今后在微课录制中要注意的。

例谈地理课堂教学的五种基本视角
——以人教版高中必修教材及课堂教学为例①

陈灿红

（安徽省蚌埠市第二中学）

高中地理课程的总体目标是要求学生初步掌握地理基本知识和基本原理；获得地理基本技能，发展地理思维能力，初步掌握学习和探究地理问题的基本方法和技术手段；增强爱国主义情感，树立科学的人口观、资源观、环境观和可持续发展观。由此可见，课堂教学目标不仅包含课程知识的传授，还涵盖了培养学生学科思维能力和帮助其树立正确的价值观的责任。凸显地理学的学科特点与应用价值，有利于开阔学生的视野，进一步提高学生的科学精神与人文素养。当前，在地理教学中，培养学生初步具备地理学科的五种基本视角具有重要意义。

高中阶段地理学科的五种基本视角包括：宏观与微观的视角，时间与空间的视角，动态的视角，发展变化的视角和辩证的视角。笔者结合自己教学的点滴感悟，运用高中地理人教版必修教材及授课、研课中的实例，从这五个角度加以阐释。

一、宏观与微观的视角

宏观视角是指学生能从宏观层面上获取和理解地理信息，总结大范围区域内地理事物和现象的共性特征，多运用于大尺度、小比例尺的区域分析之中。

微观视角是指学生能从具体区域出发，结合区域地理要素的个性特征，多运用于点状地理事物或小区域范围的分析过程。

宏观地理视角与微观地理视角相辅相成，前者常用于概括区域的整体性，后者常用于突出区域内的差异性及局部区域的个性特征。

---

① 原文荣获2013年安徽省第七届中学地理优秀论文评选二等奖。

案例1:(人教版必修二第三章第二节)教材在亚洲"季风水田农业"区位分析中,以《亚洲季风水田农业的形成和分布》(图1)为素材,图中的箭头给出了思维逻辑关系,帮助学生从亚洲气候类型分布、亚洲人口分布和亚洲地形分布三幅小图入手,结合亚洲季风水田农业分布区图,总结和概括季风水田农业分布区的气候、地形和人口分布特点,分析出农业布局的自然条件和社会经济条件。

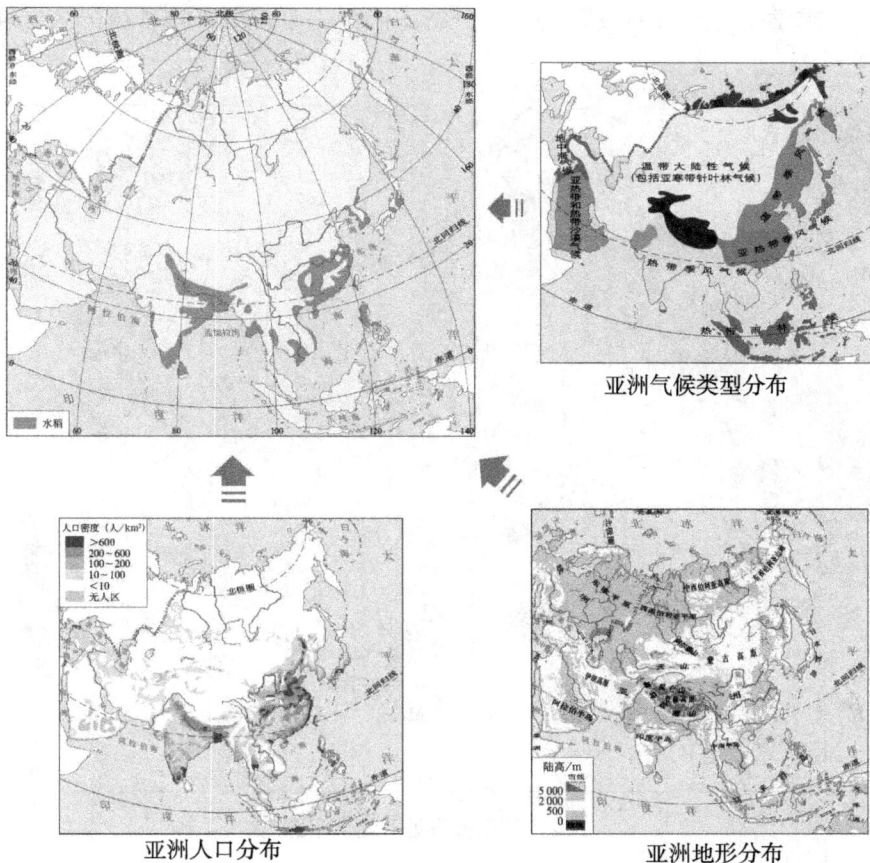

图1   亚洲季风水田农业的形成和分布

运用农业区位条件分析方法,推断亚洲季风水田农业的分布区域,这属于宏观视角的运用案例。具体到某区域水稻生长区位因素分析,则属于微观视角,并不能说明我国季风气候区都适宜水稻的生长。在实际教学中易混淆这两者的运用。

L教师在设计"季风水田农业"教学时,以江西鄱阳湖流域为案例,先后呈现了图2、图3和图4,引导学生从这三幅图中依次归纳出鄱阳湖流域水稻种植业的地形、人口和气候特征,并分析三者的区位条件。

然后,进一步给出图5,辅以文字材料:"水稻是中国的主要粮食作物,尤其南方地区人们喜食稻米。中国是世界上种植水稻最古老的国家,稻作历史约有七千年,种植经验丰富,是世界栽培稻起源地之一。"

要求学生讨论:结合所给材料,分析鄱阳湖平原发展水稻种植的区位优势条件。

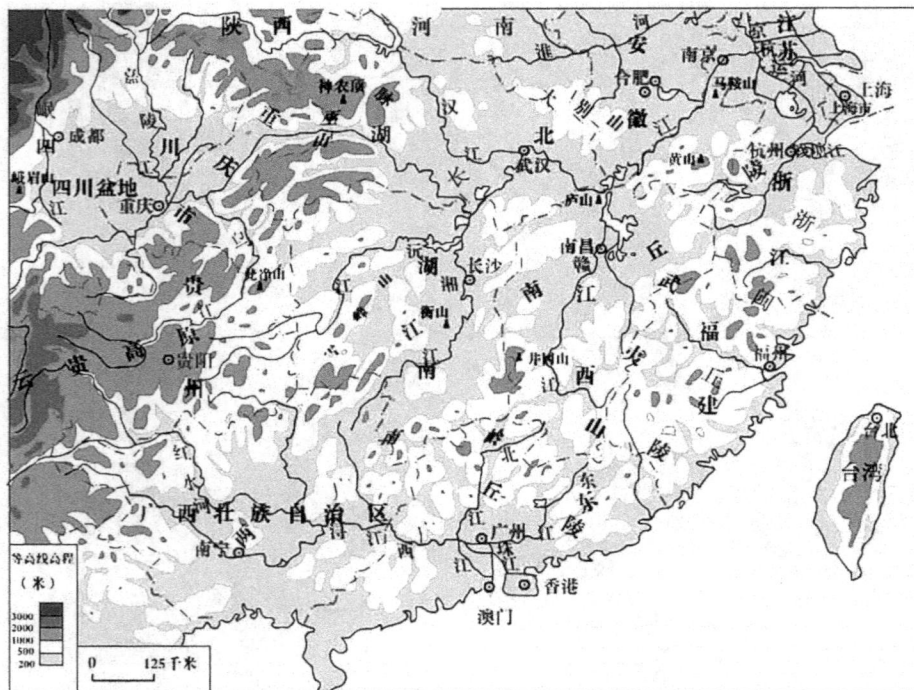

图2　我国南方地区地形示意

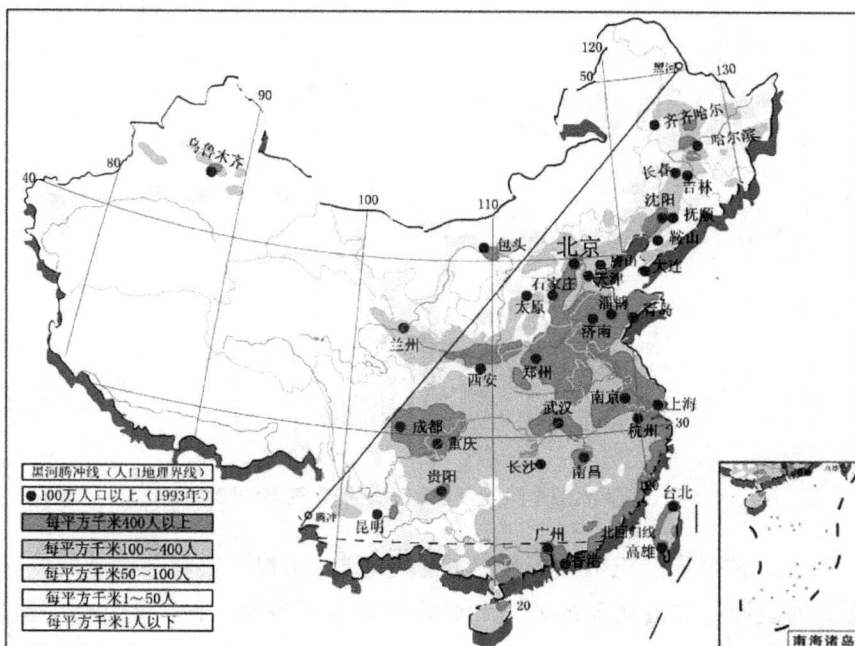

图3　我国人口密度分布示意

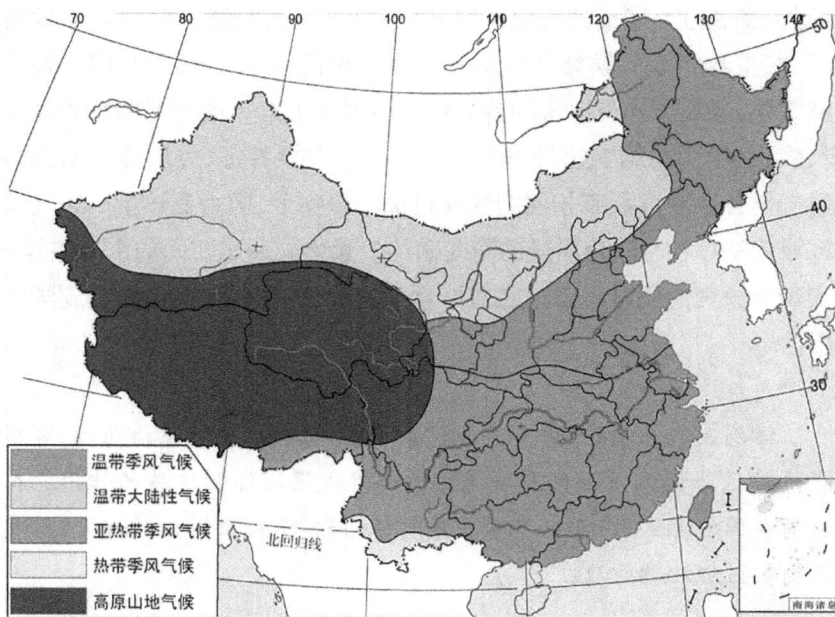

图4　我国气候类型分布示意

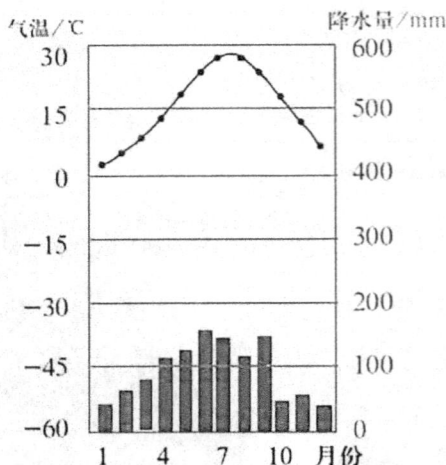

图5 亚热带季风气候多年平均各自气温和降水量

显然,L教师未能正确理解教材的编写思路,忽视了宏观与微观的差异,教学案例的设计存在着明显的宏观和微观视角误用现象。图2—图4,中国的人口分布、气候及南方地区地形等属于宏观地理信息,鄱阳湖流域则属于微观区域,用宏观地理信息来替代微观区域的相关内容,忽视了局部区域的个性特征。此外,图5为上海市的气温和降水资料(参见人教版必修一第二章第二节"活动"中《世界各地气候类型多年平均各月气温和降水量》图),用它替代鄱阳湖流域气候,忽视了地理要素的差异性。教材中上海市的气温曲线和降水柱状图,旨在帮助学生总结亚热带季风气候的一般共性特征,并不能说明我国亚热带季风气候各区域都具有相同的气候特征。事实上,同为亚热带季风气候区的两个区域依然存在着较为明显的南北向的热量差异和东西间的水分差异。

宏观与微观的视角还表现在对地理现象的认知方面,进而影响到学生的思维视野。

案例2:(人教版必修三第五章第一节)教材以西气东输为例,分析资源跨区域调配对区域发展的影响和促进区域协调发展的作用。材料有我国《2005年东西部单位生产总值的能耗(标准煤)》(图6)、《西气东输的区域协调效应》(图7)。

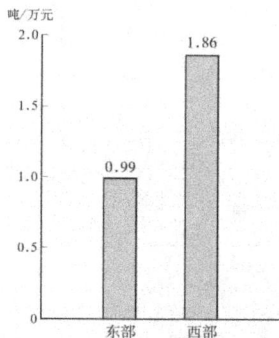

图6　2005年东、西部单位生产总值的能耗（标准煤）

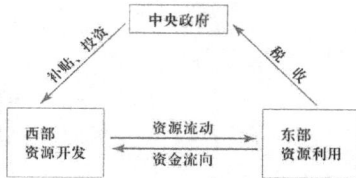

图7　西气东输的区域协调效应

图6和图7从国家层面宏观分析西气东输的地理意义。可以看出，每万元单位生产总值的能耗东部地区远低于西部地区，资源的跨区域调配有利于加强区际联系，应充分发挥各区域的优势条件，提高资源的利用效率，从而提高全社会的生产效率，促进东西部的协调发展。这样可以将西部地区的资源优势与东部地区的经济、技术优势合理配置，对于东西部地区的协调发展起着促进作用。

而日常教学侧重的地理意义，常从资源输出地、资源输入地、沿线地区等三个区域，从经济效益、社会效益和生态环境效益三个角度，从利与弊两个方面加以分析，属于微观视角。这样做只关注了资源跨区域调配对局部地区、某个要素的影响，忽视宏观视野。

在教学过程中，教师应根据教学目标和教学内容合理选用宏观性教学策略或微观性教学策略，否则易出现教学策略性失误。同理，对其他地理现象的分析，也应加强对学生的宏观视角和微观视角的培养，并通过多个案例的集中点评，促进学生对宏观与微观视角内涵的理解。

二、时间与空间的视角

时间与空间的视角是指理解、分析地理事物特征时，需从时间、空间两个维度加以思考。在特定空间区域分析区域地理特征，可从时间的维度组织思路。同理，在某时间（段）分析可能出现的地理事物和现象，则应从空间的维度描述。宏观的大尺度区域，则需要从时空两个维度分别予以概括和阐述。

案例3：（人教版必修一第一章第三节）在"昼夜长短和正午太阳高度的变化"知识学习时，有《北半球二分二至日全球的昼长和正午太阳

高度角》(图8)可供分析:

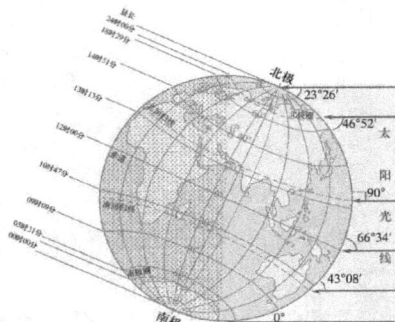

8a 夏至日全球的昼长和正午太阳高度角

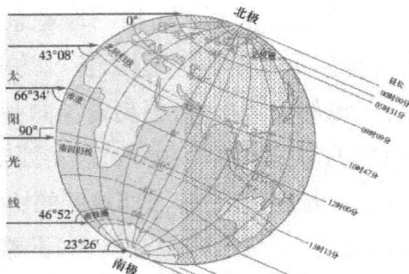

8b 冬至日全球的昼长和正午太阳高度角

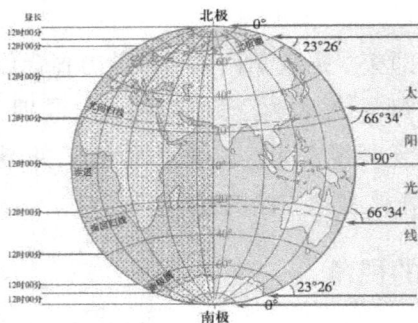

8c 春分日和秋分日全球的昼长和正午太阳高度角

图8   北半球二分二至日全球的昼长和正午太阳高度角

仅从"图8a 夏至日全球的昼长和正午太阳高度角"中,可以看出在固定时间夏至日的昼夜长短和正午太阳高度角的空间分布规律,这属于时间确定的前提下的空间维度分析。同理,图8b和图8c仅能分别得出冬至日、春秋分日的昼夜长短和正午太阳高度角的空间分布规律。将三幅图整合在一起,可以确定具体位置,如北纬20°,可以看出该地昼夜长短和正午太阳高度角全年不同时间的变化规律,这属于空间位置确定的前提下的时间维度分析。将两者组合,能充分挖掘图中的地理信息,有助于学生系统、完整地理解本部分知识,形成正确的时空思维方式。

地理事物的分布大多需要运用时空视角分析方法。如描述我国水资源的分布规律,既包括“从东南沿海向西北内陆地区降低”的空间分布规律,也包括“夏秋季节水资源丰富,冬春季节水资源较少”的时间分布特点。教学时教师应有意识地加强对学生时空视角的培养,提高学生的学习能力和思维能力。

三、动态的视角

动态的视角是指在描述地理事物或现象时,能从地理事物或现象的形成过程、发展变化、时空差异等角度予以比较、归纳和概括,常用于地理事象的分布规律、演变过程和特征的描述等。

案例4:(人教版必修一第一章第三节)在“昼夜长短的变化”知识学习时,学生应能熟练运用“昼长夜短、昼短夜长、昼夜等长”等描述性词语准确表达昼夜长短状况;还应具备动态分析地理现象“昼夜长短的变化”的意识和能力,能正确运用“昼变长夜变短、昼变短夜变长”以及“昼渐长,夜渐短”等词语。要想达到上述教学目标,教师应有意识地从时间与空间的视角、静态与动态的视角组织教学。下表(表1)为笔者“昼夜长短的变化”的教学设计及设计意图(节选)。

表1　“昼夜长短的变化”教学设计中静态与动态描述策略

步骤	教学设计	设计意图
昼夜长短状况	1. 读图8a,描述夏至日全球各地昼夜长短状况 2. 读图8b,描述冬至日全球各地昼夜长短状况 3. 读图8c,描述二分日全球各地昼夜长短状况 【结论】太阳直射点位于北(南)半球,北(南)半球昼长夜短,南(北)半球昼短夜长。春秋分日,全球各地昼夜等长	从静态的角度描述某时刻,如夏至日、冬至日、二分日,全球各地的昼夜长短状况,为步骤二的教学做铺垫

步骤	教学设计	设计意图
昼夜长短的变化	1. 读图 8c 到图 8a 再到图 8c,思考春分日至秋分日期间,太阳直射点所在半球的位置,并分析自南向北昼夜长短变化特点 2. 读图 8b 和图 8c,思考秋分日至次年春分日期间,太阳直射点所在半球的位置,并分析自南向北昼夜长短变化特点 【结论】太阳直射点位于北(南)半球,除极昼、极夜地区外,越向北(南),昼越长夜越短。赤道全年昼夜等长	从动态的角度概括"某时刻或某时间段,昼(夜)长的空间变化规律",即在固定的时间范围内,描述地理现象随空间变化而变化的特征
	3. 读图 8c 和图 8a,思考春分日至夏至日期间,太阳直射点的移动方向以及南北半球昼夜长短变化规律 4. 读图 8a 和图 8c,思考夏至日至秋分日期间,太阳直射点的移动方向,以及南北半球昼夜长短变化规律 5. 读图 8c 和图 8b,思考秋分日至冬至日期间,太阳直射点的移动方向以及南北半球昼夜长短变化规律 6. 读图 8b 和图 8c,思考冬至日至次年春分日期间,太阳直射点的移动方向以及南北半球昼夜长短变化规律 【结论】太阳直射点向北(南)移动,北(南)半球昼渐长夜渐短;南(北)半球昼渐短夜渐长	从动态的角度概括"某区域,昼(夜)长时间的变化规律",即在确定的空间范围内,描述地理现象随时间变化而变化的特征

在描述地理特征时,往往需要从动态的视角。如描述某地的气候特征时,气温要素不仅应从静态的角度描述当地气温的高低,还需分析出当地的气温日较差、气温年较差等气温要素的动态变化特征。同理,降水量的概括既需要从静态的角度说出该地年降水量的多少,还包括当地降水的季节变化和年际变化等动态特征的分析。光照也包含光照的多少和光照强弱的变化等。

特别需要提醒的是,不能将动态的视角与发展变化的视角相混淆。

四、发展变化的视角

事物处于不断的发展变化之中,地理事物、地理现象也是如此。对地理信息的解读不仅要注意从不同的时间尺度去分析,还要善于把空间的现象放到一定的历史发展过程中分析。例如,有关人口增长、分布、迁移的信息,在关注空间特点的同时,一方面要分析某地区、某国家在不同的历史阶段的特点差异,另一方面要分析不同地区、不同国家因所处的发展阶段不同而表现出的不同特点。

影响人文地理的区位因素处于不断变化之中,例如,农业、工业、商业等区位因素不是一成不变的。相比之下,自然地理因素相对稳定,而社会经济因素发展变化较快。由于地理环境的整体性,某个区位因素的变化也会引起其他区位因素的变化。因此,对于人文地理要素的区位分析需具备发展变化的视角,将经济活动放在特定的时空背景下,才能做出准确的判断。

消耗量/t

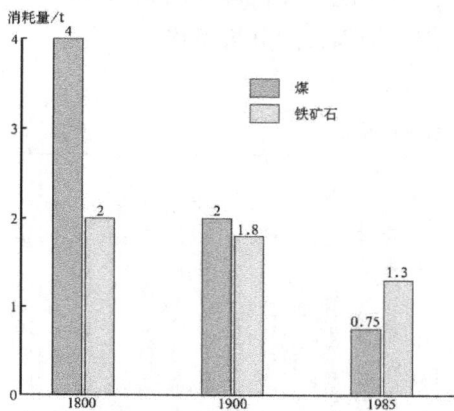

图9　每冶炼1吨钢铁所需原料的变化

案例5：（人教版必修二第四章第一节）《每冶炼1吨钢铁所需原料的变化》（图9）反映出不同时期煤炭、铁矿石等区位因素对工业布局的影响差异。

早期的钢铁工业，能源煤炭的需求量远大于原料铁矿的需求量，工业布局靠近煤炭产地，如德国的鲁尔区。伴随着火力发电技术和长距离输电技术的完善，电力可以远距离输送，钢铁工业的布局由动力导向型转变为原料导向型，如我国的鞍钢等。第二次世界大战后，随着科学技术的飞速发展、巨型矿石运输船舶的出现及消费市场的改变，钢铁工业转向在沿海钢铁消费区布局，上海宝钢的区位选择就是一例。今后，随着国民环保意识的增强、矿石运输船吨位的不断扩大及国家宏观布局的要求，钢铁工业的炼铁部门将会不断向沿海深水港区域布局，如鞍钢股份鲅鱼圈钢铁分公司的布局。

工业区位因素在不断发生变化，市场对工业区位的吸引力越来越强，原料地对工业区位的吸引力越来越弱。同一工业部门，不同时期，其主导区位因素可能发生变化。如家具厂原属于市场导向型工业，随着家具组装技术的发展，家具厂逐步向原料导向型和劳动力导向型转变，出现了新的区位布局形式。

五、辩证的视角

辩证是指人们通过概念、判断、推理等思维形式对客观事物辩证发展过程的正确反映。辩证思维最基本的特点是将对象作为一个整体，从其内在矛盾的运动、变化及各个方面的相互联系中考察，以便从本质上系统地、完整地认识对象。

正确理解地理事物和地理现象，需要辩证地对其加以判断、分析。如在人地关系的认识上，既不能误入地理环境决定论，也不能陷入人定胜天论；在整体与局部分析过程中，不能以偏概全，也不能忽视区域内的差异性；分析地理事物的影响、意义时,可从利与弊两个角度去思考,但不应有非此即彼的观念,且影响的强弱不是影响因素的简单加权,而应建立起主导因素的分析思路。

案例6:(人教版必修三第三章第二节)"流域的综合开发——以美国田纳西河流域为例"一节中,结合《诺克斯维尔市年内各月气温和降水量》(图10),思考:田纳西河流域的气候条件对农业发展有什么影响?

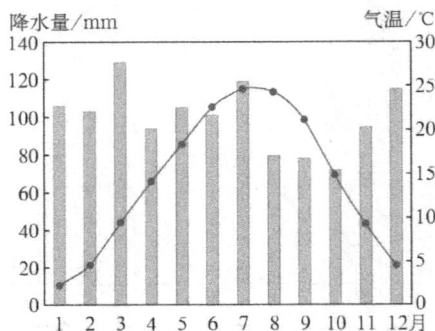

图10　诺克斯维尔市年内各月气温和降水量

从诺克斯维尔市气温曲线和降水柱状图看,田纳西河流域水热条件的匹配情况并不佳。春季(3至5月)降水多,一方面,能满足农作物播种季节对水分的需求;另一方面,因降水多,云量大,光照不足,气温较低,制约着农作物生长的热量条件,不利于农作物的播种和生长。在农作物的生长期夏季,正是需水量最大的季节,虽然气温较高,热量充足,但降水不足,易形成旱灾,影响农作物的生长。降水的季节变化与农作物的季节需求之间的矛盾,以及光、热、水的组合不匹配,成为该区域发展种植业的限制性因素。

高中地理课程标准中的大量内容要求培养学生的理性思维和批判性思维。教学中,可以采用让学生接触不同观点、对问题展开辩论、鼓励学生在学习过程中大胆提出自己的看法等方法,逐步培养学生的理性思维和批判性思维。

案例7:辩论"沙尘暴有百害而无一利"。

沙尘暴一般被认为是一种自然灾害。然而,沙尘暴是否"有百害而无一利"呢?这是一个值得讨论的有趣问题。一些学生查找了有关资料,提出了不同观点。对此,学生们争论不休。教师不失时机地引导学生就上述观点展开辩论,分为利、弊两组,各抒己见(表2),从而拓宽了思路,开阔了眼界,发展了批判性思维,培养了从辩证的视角分析解决地理问题的良好习惯。

表2　"沙尘暴的利与弊"辩论赛学生部分观点

利	弊
1.从地质年代来看,对于黄土高原和华北平原的形成都有积极的贡献 2.短时间来看,沙尘暴的发生利于中和酸雨 3.提高海洋生产力。沙尘暴会给海洋的浮游生物、鱼类带来有机物质,促进深海的物质循环 4.澳大利亚的赤色沙暴夹带的大量铁质是南极海浮游生物重要的营养来源,而浮游植物又可消耗大量的二氧化碳,以减少温室效应的危害 5.沙尘暴是地球为了应对环境变迁的一种症候,就像我们感冒了会发生咳嗽是为了排除气管中的废物一样 6.来自澳大利亚沙暴的红色石英沉积物,肥沃了新西兰的土地 7.为降雨提供大量的凝结核,利于降雨的形成 8.阻挡太阳的照射,在一定程度上减弱了大气辐射和太阳辐射,从而减缓全球变暖趋势 9.沙尘暴一般发生在秋末、冬季、春初。大量的尘埃增强了大气逆辐射,有利于夜间增温,减少农作物遭受低温冻害威胁等	1.沙尘暴的最大危害是严重影响交通安全。比如说强沙尘暴能见度低于1 000米或500米,甚至低于50米,会对出行造成很大的影响 2.机场被迫关闭,造成的损失不可估量 3.沙尘暴过境,风蚀作用会使农田肥沃的土壤层丧失,影响农田肥力和农业生产 4.沙尘暴会覆盖下游地区的农田,"风埋"庄稼 5.强沙尘暴风力可达10级以上,强风使建筑物受损 6.沙尘暴发生时,会造成严重的空气污染,颗粒物悬浮在空气中,进入人体呼吸道,对呼吸道产生物理性伤害;沙子进入眼睛,导致视觉受到影响 7.污染大气 8.阻碍人们的出行及户外活动 9.影响人们的健康等

在辩论赛的结束语中,笔者概括道,评价沙尘暴的利与弊,要根据不同的历史时段、不同的地点作具体分析。比如,在黄河的下游,因为沙尘暴可以形成新的土地,这是利,但是对上游广大沙尘暴发生区来说,沙尘暴的发生就是弊大于利;从地质时期来看,可能利大于弊,从短时间来看,却是弊大于利;从生物圈来看,可能利大于弊,但对目前人类生产生活而言,却是弊大于利。

此外,还有很多方法可以培养学生辩证的视角。比如,地理设计也是一种可以尝试的学习活动,它能有效地培养学生的创新意识和创新能力。高中阶段常见的设计主题有土地利用、城乡规划、交通规划、工业区选址、某个环境问题的解决方案等。

地理课堂教学中不仅应注意培养学生上述五种基本地理视角,在基本地理视角培养时还应结合学生学情,合理地选取、概括出适合学生的教学方法。同时,地理课堂教学中还有其他的一些地理视角,教师也要及时地加以总结和概括,例如描述地理特征时应运用定性与定量相结合的视角等。地理环境各组成要素既独立又密切联系,具有整体性和综合性的特征。地理视角也是如此,它们并不是孤立存在的,教学过程中需将各种视角综合地加以运用。落实与强化学生的地理视角,促进学生掌握地理学思想和方法,这对于他们今后的工作与学习都将大有帮助。

中学地理小组合作学习的量化评价方式浅议①

李方平

（安徽省蚌埠市第一中学）

　　小组合作学习已经成为提高课堂教学效果的一个重要方式，它能够有效促进学生理解知识、提高技能，同时使课堂教学更加鲜活生动。但小组合作学习能否开展好、能否长期有效地开展下去，评价方式很关键。笔者在小组合作学习的评价方式方面做了一些尝试，现结合教学实际，谈谈地理教学中小组合作学习的量化考核方法。

一、合理分组是前提

　　分组时应考虑学生的学习基础、性格、家庭背景等因素，每组6到8人，每个班分成8到9组，分别用A、B、C、D、E、F、G、H、I等字母命名，小组每个组员都有一个编号，如A组6人，编号分别为A1至A6；B组7人，分别为B1至B7，其他小组类似。当然每个小组也可以有自己的个性名称，如神奇A组、无敌E组、风云D组等。编号接近的同学，学习能力是接近的，教师在安排教学时可以根据难度选择合适的学生回答问题。比如，难度大的问题可以选择每组的1或2号组员回答，中等难度的题目可以找3或4号组员回答，简单的内容可以请5、6、7等编号靠后的组员回答，做到因材施教。同时还要兼顾总体，做到小组内每个组员之间是异质的，而组和组之间却是同质的，小组之间的差异不大，这样就基本保证了评价的公平性。

二、制定评价细则是基础

　　教学评价是整个教学过程中一个不可分割的重要组成部分，有什么样的评

---

　　① 原文荣获2013年蚌埠市地理教学论文比赛一等奖，2013年安徽省第七届中学地理优秀论文评选二等奖。

价机制便可能产生什么样的学习热情和行为方式。为了能够恰当、有效地评价小组合作学习的效果，必须制定详细、合理的评价细则。制定评价细则的目的，就是要引导学生主动学习、主动思考、主动回答问题、认真完成作业，形成小组内合作学习的融洽关系和小组间比赛学习的竞争关系。评价细则的内容应具体化，可操作性强，要通过适当的加减分来体现对学习内容完成情况的评价。比如，上课主动回答问题者加2分，按照回答问题的质量情况再加上相应的分数，满分为5分，能够认真完成作业的加2分，有新颖见解的加3分，生成有价值问题的加3分，主动向老师请教问题的加2分，不能及时完成作业的扣3分，不做作业的扣5分，两周没回答问题的扣2分，等等。

　　刚开始进行小组合作学习时，往往每个小组都是几个相对活跃的优秀生表现积极，而学习落后或内向的学生常常默不作声，可能是动力不够，答不好得分低，信心不足，时间长了干脆不说了。那么怎样才能改变这种状况，把小组所有同学的学习积极性都调动起来呢？后来笔者跟学生商量，把小组评价与个人评价相结合，加强对合作群体的评价。首先，为了调动后进学生的学习和发言积极性，对不同水平的学生赋予不同的分数，比如同样的问题，优等生（序号1、2组员）基础分2分，中等生（序号3、4组员）基础分3分，后进生（序号5、6、7等组员）基础分4分，然后再根据回答的质量加上不同的分数。其次，小组也加相应的分数，个人加多少分，小组就加上多少分。扣分时大家一视同仁，小组也根据个人扣分情况扣相应的分数。这样把个人的荣誉和小组的荣誉绑在一起，也能促进组内同学的互助学习。

　　此外，教学评价还应包括对每次单元测试的成绩进行分析比较，高于平均成绩的加分，优等生加2分，中等生加3分，后进生加4分，低于平均成绩的扣分，优等生扣4分，中等生扣3分，后进生扣2分，小组也加上或扣掉相应的分数。另外，对各小组内达到平均分数的人数进行比较分析，从而引导学生平时对小组成员中相对落后的组员多给予帮助，大家共同进步，这样才能在小组竞争中具有竞争力。

三、制定可操作的量化考核表是关键

　　评价细则制定好还不够，在平时的学习评价中还需要一份可操作的量化考核表。经过讨论，制定了如下量化考核表（表1）。

表1　XX班地理学科小组合作学习量化考核表

统计时间：　　　月　　　日　　　统计人：

小组	成员	加分项：上课主动回答问题者加2分……	扣分项：不能及时完成作业者扣2分……	个人得分	小组得分	个人总评	小组总评	备注
A组	A1 XXX							
	A2 XXX							
	A3 XXX							
	A4 XXX							
	A5 XXX							
	A6 XXX							
B组	B1 XXX							
	B2 XXX							
	……							
……	……							

有了这份考核表，教师在平时的课堂教学中就可以使用表格对学生进行考评。最初是由地理课代表填写表格，但是这在一定程度上增加了她的负担，后来班级专门建立了一个考核统计团队。团队由10人组成，共分两大组，每组统计一个月，轮换进行，课代表担任组长，制定了详细的统计规则并进行了任务分工。这种方式极大地提高了统计的实时性和准确性，也减轻了地理课代表的压力和负担。

四、总结评价奖励机制是手段

要想使量化考核取得实效，必须建立一套完善的评价奖励机制。最初的做法是一周一总结，评出十名"先进个人"和三个"先进小组"进行表扬，落后的小组不批评。实行了几周后发现，因评比太频繁，且不累计，有些同学对分数麻木了，学习和回答问题的积极性都有所下降。针对这种情况，笔者及时调整了方案，改为每两周总结一次，还是评出十名"先进个人"和三个"先进小组"，再评出三个"进步最大的个人"和一个"进步最大的小组"，这样考虑的面就宽一些，情况有所好转。但是由于缺乏响亮的荣誉称号，而且不累计成绩，学生积极性依旧不高。后来，又做了进一步的调整，还是一周评一次，十名"先进个人"和三个"先进小组"分别授予"周先进个人"和"周先进小组"称号，进步的个人和小组分别授予"周进步个人"和"周进步小组"称号，分别加一颗星。一个月再总评一次，根据获得星数的多少，评出月度"先进个人"和"先进小组"，称之为"月度风云人物"和"月度风云小组"，每月进步最大的个人和小组分别称为"月度进步之星"和"月度进步小组"，贴上一张笑脸，或者给予简单奖励等。为了及时公布各阶段的评价情况，笔者带领所在班级还制定了小组合作学习阶段评价表（表2），制成展板张贴在教室中，实时更新，以不断激励学生。

表2　XX班地理学科小组合作学习阶段评价表

小组	成员	第一周	第二周	第三周	第四周	月评		...	学期评价		备注
						个人	小组		个人	小组	
A组	A1 XXX			☆							
	A2 XXX	☆	☆		☆	☆	☆		☺	☺	
	A3 XXX										
	A4 XXX		☆								
	A5 XXX		☆								
	A6 XXX										
B组	B1 XXX	☆		☆	☆	☆	☆		☺	☺	
	B2 XXX										
……	……										

由统计小组分阶段填写阶段评价表，比如在周评价或月评价后，在对应的先进小组和个人位置贴上红星和笑脸。学期结束前统计小组对一学期的量化考核情况进行总评，分别评出"学期风云人物""学期风云小组""学期进步之星"和"学期进步小组"，颁发证书，并致电家长报喜。一学年后，再对一年的量化考核情况进行总评，评出"年度风云人物""年度风云小组""年度进步之星"和"年度进步小组"，颁发证书，并致电家长报喜，同时拍摄个人照和集体照，制成展板张贴在教室中。

这种量化考核办法的最终目标是有效调动学生主动学习地理的积极性，在教学实践中也取得了明显的成效，学生学习地理的积极性和兴趣有很大提高。但在实施中也存在一些不完善的地方，比如教师的评价太多、学生之间的评价偏少，考核奖励的方式相对单一等。因此，未来还需要根据学生的实际情况不断调整和完善，并不断改变方法和形式，以克服学生的适应心理和审美疲劳。

新课程理念下的地理案例教学探索①

沈珍连

（安徽省固镇县固镇一中）

地理案例教学是教师根据课程标准规定完成的教学目标的要求，以现实生活中真实的地理现象或事件为素材，通过教学互动、学生参与等方式展开的教学活动。它是以地理案例为对象，以地理问题为导向，以问题分析为过程，以问题解决为目标，以学生发展为根本的教学模式和方法。地理案例教学作为新课程理念倡导的教学形式之一，既有利于突破教学的重难点，完成教学目标，又有利于培养学生的创新思维和探究能力，促进学生的全面发展。因此，了解、研究地理案例教学法，充分发挥其优势，在全面推进素质教育的今天有着深刻的现实意义。

一、地理案例教学的特点

（一）学习情境的生动性

在传统的讲授式教学过程中，教师向学生呈现的地理信息往往是从具体情境中抽象出来的概括性知识，失去了实际生活的丰富性、生动性，远离了学生的生活实际，因此很难激发学生的学习兴趣和学习热情。案例教学实现了教学与现实情境的沟通与融合，学生在教师的指导下，在生活、生产、社会实际的基础上创设有挑战性的问题情境，在获取信息、解决问题等探索过程中形成自主探究的空间，感受知识及科学方法的实际价值，提高学习的内在动力，其创造能力和潜能得到充分发挥。

（二）案例内容的真实性

案例教学是通过特定案例学习某种原理或思想的方法。成功的案例教学

---

① 原文荣获2013年安徽省第七届中学地理优秀论文评选三等奖。

是把原理的学习与实践中的应用融合在一起,相互渗透,相互支持。从中学地理教学内容来看,除了为某一特殊教学目标需要而设定某种假设的地理情境之外,案例都源于不断发展的社会现实生活。地理知识源于客观世界,地理教学服务于社会现实,真实性是地理教学案例的必要条件。案例源于实际生活,与地理学科有紧密的联系,是对已发生的典型事件的真实写照,学生熟悉或了解,容易引起学生兴趣,激发学生思考的欲望。学生通过思考、分析、讨论、探索和解决一系列地理现实问题,能更好地领悟地理理论的实质,体会地理学科的实用性。

(三)问题设计的启发性

案例教学必须设计一定的问题,其中有的问题比较外露,有的比较含蓄,而通常的问题是显而不露,留待学生去挖掘。案例中设计的问题不在多,关键是能启发学生的思考。案例提供的情况越是有虚有实越能够吸引学生深入探究,从而给学生留下充足的思维空间,达到最佳的学习效果。

(四)教学过程的互动性

在传统的教学过程中,学生习惯于被动地接受教师给出的既定答案,极少主动参与课堂教学。而在案例教学中,要求教师与学生有更多的互动。一方面,就教师而言,需要选择适当的案例,在教学过程中引导、点拨学生,并注意对课堂的调控。另一方面,就学生而言,则要打破传统被动学习的状况,学生要对教师提出的具体事实和材料进行独立思考或与他人进行讨论,最终得出结论。这样的教学,为学生创设了平等的学习氛围,充分体现了教学过程中师生间的互动性,发挥了学生的主体作用,使教学达到更好的效果。

(五)学习过程的探究性

案例教学把教学变成了一种特殊的探究活动,师生共同讨论、分析案例,围绕来源于现实生活中的地理问题,完成探究内容的确定、解决问题、相互合作、相互交流的过程。整个过程是学生敏锐发现问题,主动提出问题,积极寻求解决问题的方法,探求结论的学习过程。因此可以说,案例教学不是单纯寻找正确答案的教学,而是重视得出结论的思考过程,这个思考过程正是实现教学目标的重要手段。从某种意义上说,这种探究性的学习过程可以促进学生分析问题、解决问题能力的升华与质变。

二、地理案例教学的实施策略

(一)地理案例的选择要具有典型性和针对性

案例教学是指教师和学生借助分析少数有代表性的案例,得出整体性结论的方法。案例越典型,揭示的规律就越深刻,蕴涵的道理就越值得回味,案例的普遍意义和通用意义也就越大;反之,借鉴意义就会受到很大的限制。因此,教师要选择那些高质量的、具有代表性的典型案例进行教学。我们不可能在短时间里收集和列举所有的实际材料,但是可以抓住几个典型例子加以剖析,从而把握对象的本质特征。

案例是为学生学习准备的,所以应该针对学生的兴趣、爱好和接受能力,以及教学需要选择和编排,而不仅仅是从教师自身的兴趣和视角选择。案例的内容要与学生的生活联系密切,只有他们有了切身的体会和感受,才能极大地激发学习的兴趣和参与的热情。这既充分调动了学生的积极性,也发挥了学生在课堂教学中的主体作用。

(二)地理案例的呈现要具有新颖性和多样性

教育家杜威曾经说过,教学形式应多样化,要服务于教学内容、教学目的和学生的自主发展。教师应该根据地理案例的内容和教学目标的要求,相应地采用新颖的、灵活多样的方式,把案例呈现给学生。常用的呈现方法有以下四类:

(1)以文字材料呈现案例。这是最简单的一种方式,教师把事先准备好的案例以文字材料的方式发给每个学生,供学生阅读分析。这种方式适合介绍区域地理背景篇幅较长的案例,但这种方式不够直观生动,对于一些学习积极性不高的学生来说,效果不明显。

(2)口头描述案例。根据案例本身的特点和教学的需要,教师口头描述案例,同时由学生作简单的记录。这种方式适合相对比较简短的案例,如果案例内容过长或者信息比较复杂,则容易造成学生的听觉疲劳,降低学习的效果。同时,这种方式对于教师的表达能力有一定的要求。若教师在描述的时候,不能做到抑扬顿挫、感情投入,则会影响学生对案例信息的获取。

(3)组织学生表演案例。在课堂教学中,通过学生的表演、模拟,再现地理问题情境。这种方式直接让学生参与到案例的准备中,充分激发了学生的积极性,而且这种方式直观生动,更能吸引学生的注意力。例如,在学习"全球气候变化的适应对策"时,笔者就组织学生表演了不同社会角色对这一问题的不同看法,激起了学生极大的兴趣和热情。这种方式要求学生与教师密切配合,课前花费一定的时间与教师沟通,在教师的指导下排练。

(4)运用多媒体再现案例。生动形象、具体直观的多媒体手段能把案例中所包含的各方面的地理信息全面、逼真地呈现给学生。教学实践表明,教师创设的案例越真实、直观,越能提高学生的视听效果,学生对案例材料学习研究的兴趣、动机也就越强。如在学习"城市化对地理环境影响"一节内容时,为了增强教学案例的真实性和直观性,笔者在网上搜索到了相关的视频资料,并做了一些剪辑,然后利用多媒体呈现给学生,取得了良好的教学效果。

(三)地理案例的分析、讨论要具有开放性和层次性

第一,地理案例的分析、讨论要"仁者见仁,智者见智",具有探索性、开放性的特点,这样才能激发学生的好奇心和积极性,才能展现结论的开放性和多样性,从而拓展学生思维的广度和深度。这就要求教师在设计问题时,必须树立追求思维过程的理念,即讨论问题不只是为了得到问题的结论,而是要宽泛地展现学生研究问题的过程,更重要的是在这一过程中教师要不断地去发现、培育并保护学生的创造性思维。

第二,地理案例的分析、讨论要"因人而宜,人人参与",具有梯度性、层次性的特点。学生的知识水平往往有差异,参差不齐。难度不大的问题有利于激发学习有困难的学生的求知欲,而太简单的问题则难以激发起学生研究问题的兴趣。要想调动全班同学的学习积极性,实现面向全体学生的教学目的,地理案例要具有一定的层次和梯度,能使不同水平的学生通过分析和讨论得到不同程度的提高,通过对问题的解答培养学生分析问题和解决问题的能力。

(四)地理案例的总结要具有理论性和概括性

在地理案例教学的过程中,学生通过独立思考以及与老师、同学之间的讨论交流,对地理案例做了比较完整和深入的分析,并在此基础上获得了不同的看法和见解。然而,由于学生本身客观存在的个体差异,如知识的差异、能力的差异等,学生对地理案例的认识和理解也必然存在种种差异,即正确的、片面的以及错误的观点和想法可能会同时存在。为此,在综合评价学生讨论过程中各种观点和想法的基础上,地理教师应及时对地理案例做出全方位的归纳总结和概括提升,要具有一定的理论性和概括性。也就是说,地理案例的总结不能只停留在案例的问题答案的层面上,应该进一步抽象概括出在解决某类地理问题上具有普遍性指导意义的原理性、规律性或方法性的结论,为学生将来创造性地解决某些新地理问题打下方法论的基础,提高学生的创造性思维能力。

三、地理案例教学应注意的问题

(一)贴近学生生活实际

俗话说"兴趣是最好的老师",案例教学选择的案例一定要源于生活,最好是贴近于学生的生活。因为这样的地理案例可能会是学生在现实生活中或将来走向社会时真正面临的实际情况或问题,对学生来说,案例本身就具有一种吸引力,能激发学生的学习兴趣,提高学生的学习动力,提高教学效果。

(二)把握好教师的角色

在地理案例教学中,教师要对自身的角色有明确而清醒的认识,要让学生在课堂中真正扮演"演员"的角色,把课堂"舞台"还给学生;教师只能起到"导演"的作用,而不能像传统地理教学那样,既当"导演"又当"演员",而学生只是充当"观众"的角色。

(三)遵循循序渐进的原则

地理案例教学对学生的素质要求很高,而不少地理教师不敢大胆采用这种教学方式,正是担心学生素质差而无法配合教师教学。要解决这一问题,就必须注重教学中的循序渐进,应从高一年级开始,根据教学内容适当地和学生一起分析案例,并训练学生学会如何分析问题。经过反复训练,待学生的素质和能力显著提高后,教师便可渐渐放手。切不可因为对学生的能力缺乏信心,而将案例教学停留在教师自己分析的层面上,如此便违背了案例教学的真正目的。

(四)遵循启发引导的原则

在采用地理案例教学方式时,一定要让学生主动参与案例分析,让学生提出自己或小组的见解,自己尝试分析、解决问题。教师应牢记自己的主要职责在于启发、引导学生独立思考,学生见解不一时,注意引导学生展开讨论,逐步统一认识。若教师处处包办代替,这就违背了案例教学的指导思想,阻碍学生的智力开发。

四、地理案例教学应用的意义

(一)有利于转变学生学习方式,体现新课程理念

地理案例教学是一种引导学生主动参与、主动探究的教学方法,它改变了

传统的教学方式和被动的学习方法,能够变结论性学习为过程性学习,积极构建自主、合作、探究的学习方式,注重培养学生的地理思维、创新意识和实践能力。

(二)有利于提高学生学习效率,加深对理论知识的理解

地理案例教学可以激发学生的学习兴趣,让学生在主动探究知识的过程中体验到成功的快乐,让学生感觉到繁重复杂的学习过程不是负担而是享受,从而增强学生的学习信心,提高学生的学习效率。案例教学是有针对性地运用理论知识去分析实际问题,它不仅要求学生知其然,更要知其所以然,知其应该用于何处,解决什么样的问题,这样既加深了学生对教学内容的理解,又增长了学生实际操作的能力。

(三)有利于提高教师素质,提高教学质量和教学水平

地理案例教学对教师的知识结构、教学能力、工作态度及教学责任心的要求很高,既要求教师具有渊博的理论知识,又要求教师具备丰富的教学与实践经验,并能够将理论与实践融会贯通;既要求教师不断地更新教学内容、补充教案,又要求教师更加重视改革开放的社会实际,对现实中的问题保持高度敏感,不断地从实际生活中寻求适宜案例教学的案例。地理案例教学可以调动教师教学改革的积极性,更好地发挥教师在教学中的主导作用,从而使教学活动始终处于活跃进取的状态,不断提高教学质量和教学水平。

(四)有利于培养学生的创新意识,提高学生分析和解决问题的能力

地理案例教学要求教师在教学过程中鼓励学生自由探索、大胆质疑、及时提出自己的看法和见解,充分尊重学生的意见和好奇心。地理案例教学对问题的分析、解决往往不设标准答案,只要学生分析得有道理,即使与参考答案不太吻合,也应该给予肯定,逐步培养了学生的创新意识和创新精神。同时,在这一过程中,学生将应用所学的基础理论知识和分析方法,对地理教学案例进行理论联系实际的思考、分析和研究,逐步培养了分析问题、解决问题的能力。

(五)有利于改善师生关系,加强师生之间的互动交流

在传统教学中,教师是主体,而在案例教学中,学生是主体,但这并不是说教师可有可无,或者说教师在案例教学中就是一个旁观者了。其实,在案例教学中,教师与学生是"师生互补、教学相辅"的关系。学生积极参与,在阅读、分析案例和课堂讨论等环节中发挥主体作用,而教师在整个案例教学中则始终起

着"导演"的作用。教师既要选择好的"剧本",即符合教学需要的案例,又要在课堂讨论中审时度势、因势利导,让每一个学生的才能得到充分的发挥,获得最大的收获。案例教学能够改善师生关系,加强师生之间的互动交流,活跃课堂气氛,这些是传统教学方式无法比拟的。

新课改中地理课程资源开发利用之我见[①]

刘继英

（安徽省五河县第一中学）

地理课程资源是指有利于地理课程目标达成的所有因素与条件的总和，课程资源的丰富、适当与否往往决定着课程目标的实现程度。缺乏适当的课程资源的支持，尤其是对课程资源的不合理开发利用将不利于课程目标的实现。自高中地理新课程在我省实施以来，教师们开发利用课程资源的意愿日益增强。但是从近年来的教学、听评公开课等教学活动中发现，很多课程资源的开发和利用存在一些问题。

一、地理课程资源开发和利用中存在的问题

（一）课程资源的开发局限于多媒体资源

随着新课改的推进，很多地方组织了地理课程资源开发的评审活动。活动组织得有声有色，参加评审的资源主要是各校在教学中制作、收集和整理出来的各种多媒体资源，包括Flash动画、幻灯片、文字资料、地理图片、视频音频资料等。经过评审，把各校的资源汇总，编写成目录后再发放给教师，以便在教学中使用，很好地实现了资源的共享。但这个活动暴露出了一些问题，如大家开发的课程资源主要集中在PPT课件方面，而忽略了其他的更为丰富的课程资源。

（二）没有充分利用课程标准资源

地理课程标准[②]是编写教材的依据，但是教材在编写时不一定拿捏得恰到好处，所以我们在教学中应该牢牢把握地理课程标准。而在实际教学中，很多教师没有认真研究课程标准，甚至有的教师没有以课程标准为依据上课，其教

---

① 原文荣获2009年蚌埠市中学地理教学论文评选一等奖。

② 地理标准课程是指《义务教育地理课程标准(2011年版)》和《普通高中地理课程标准(实验)》。

学效果往往很难达到要求。

地理必修二中的一条课程标准"举例说明生产活动中地域联系的重要性和主要方式",在人教版必修二第五章"交通运输布局及其影响"第一节"交通运输方式和布局"中有所呈现。但我们知道,生产活动中的地域联系除了交通运输外,还包括通信、商业贸易等,人教版必修二对应的内容则是"交通运输方式和布局",通过比较五种交通运输方式的优缺点,阐述了现代交通运输的主要发展趋势,并选取了"南昆铁路建设"的案例来说明交通运输的区位选择、发展对区域发展的影响。教材内容较少,且缺乏深入的分析和具体的实例,单纯地讲授教材中的内容并不能完全达到课程标准的要求。因此,在授课过程中,需要教师对交通的区位因素分析等内容进行深化,"交通运输方式"是学生在初中已经学过的内容,高中再学习时不必过多重复,而应该在原来的基础上进行拓展和深化。但是大多数教师并没有依据课程标准,不是用教材教,而是教教材,在交通运输方式的优点和缺点上花了许多不必要的时间,很少进行拓展与深化,也忽略了通信、商业贸易这两种地域联系方式。

(三)不注重教材资源与实际的联系

教材中有些知识如果单纯讲授,学生往往难以深刻理解,因此讲解时需要与实际相联系。比如,植被涵养水源的环境效益,很多学生都知道,但真正能理解的却不多。在一次教研活动的公开课中,一位教师是这样说明的:"植被的根系可以抓住土壤,使土壤流失减少,更多的水分积蓄在土壤中,就达到了涵养水源、保持水土的作用。"这样的讲授仅仅是名词释义,学生只能知其然而不能知其所以然,与学生生活密切相关的资源被忽视了。不仅如此,很多教师上课时无论是情境创设、活动组织,还是案例的使用往往是和实际生活脱节的。

就上述问题来说,如果能结合身边的实际讲授教材知识,效果则好得多。学校中一般都有草坪,让学生提前观察一场强度较大的降水之后,水泥地面和草坪上的地表径流量的差异,并在课堂上进行视频展示。学生很容易发现水泥地面比草坪的径流量大,从而激发了学生的兴趣,引发了学生的思考。接着,教师再做适当的引导和分析,就水到渠成地让学生理解了植被涵养水源、保持水土的作用。

(四)轻视地图册、填充图册和同步作业资源

除了教材之外,配套的地图册、填充图册以及各地编写的同步作业等都是丰富的课程资源,但是许多教师并不重视。笔者曾经在小范围内做过调查,发

情境教学　情感达成

——"极地地区"课例分析[①]

匡昌林

（安徽省蚌埠市高新教育集团实验中学）

情境教学法是指在教学过程中，教师有目的地引入或创设具有一定情绪色彩的、形象生动的具体场景，以引起学生一定的态度体验，从而帮助学生理解教材，并使学生的心理机能得到发展的教学方法。情境教学法的核心在于激发学生的情感。

一、情境教学法的功能

（一）有利于解决教学过程中的重、难点问题

"教学重、难点问题"主要是从学习的角度来定义的，而学习的主体是学生，因此，只要能激发和调动学生的学习主动性，引导他们去探究学习，重、难点问题就会迎刃而解。情境教学法的最大优势在于能将课堂中学生的身份实现由"你"到"我"的转变，通过情境创设为学生们提供一个参与课堂的机会，搭建一个表达自己观点和表现自我的平台。同时，教学中所选用或创设的情境，全部来源于生活，甚至要高于生活，而生活化的东西最能让学生喜闻乐见，这些情境往往具有趣味性、悬疑性、故事性、探究性等特点，能在很大程度上激发学生的求知欲和探索欲。因此，情境教学法可以有效突破教学重、难点问题。

（二）陶冶人的情操，净化人的心灵

在教育心理学上讲陶冶，意即给人的思想意识以有益或良好的影响。关于情境教学的陶冶功能，早在春秋时期的孔子就把它总结为"无言以教""里仁为美"；南朝学者颜之推进一步指明了它在培养、教育青少年方面的重要意义，"人在少年，神情未定，所与款狎，熏渍陶染，言笑举动，无心于学，潜易暗化，自然似

① 原文是2015年10月16日在河南开封中国教育学会地理教学专业委员会2015年综合学术年会暨"地理学科核心素养与育人价值"研讨会上的现场交流报告。

之。"即古人所说的"陶情冶性"。

情境教学的陶冶功能就像一个过滤器,使人的思想得到净化和升华。它剔除情感中的消极因素,保留积极成分。这种净化后的情感体验具有更有效的调节性、动力性、感染性、强化性、定向性等方面的辅助认知功能,从而为促成情感态度价值观教学目标的达成起到关键作用。

二、"极地地区"教学难点分析

极地地区对应的课程标准要求"说出南、北极地区自然环境的特殊性,认识开展极地科学考察和环境保护的重要性"。这里使用的行为动词为"说出"和"认识",其中"认识"的要求层次更高,但是两者都需要同学们具备一定知识基础或生活阅历作为前提条件,否则无法达成教学目标。一方面,大部分同学对于极地的知识储备仅仅停留在"企鹅""北极熊""极光"和"冰山"这些简单的认知层面,要他们说出这里自然环境的特殊性在哪里,认识开展极地科学考察和环境保护的重要性"重要"在什么地方,确实有一定的难度。另一方面,由于两极地区特殊的地理位置,要求同学们去实地考察几乎是不可能的事。所以,如何创造一种情境,把学生带入遥远美丽的地球两极,就显得十分必要!

本章教学内容比较简明,根据课标的相关要求,教材安排了三个方面的学习内容:独特的自然环境、科学考察的宝地和极地地区的环境保护。这些内容在编排上有一个递进的关系,引导学生逐渐深入地认识极地地区,教材的落脚点在于"极地地区的环境保护"。课标中针对本节内容所设定的教学目标,将情感态度价值观目标放在了突出位置。以往的教学经验告诉我们,三维目标中情感态度价值观目标很难在短时间内迅速达成。

三、"极地地区"教学课例展示

根据"极地地区"教学重、难点和情境教学的特点,笔者选取的情境材料是:"2013年12月25日5时50分,正在南极执行科考任务的中国'雪龙'号收到澳大利亚海上搜救中心电话:'绍卡利斯基院士'号在南极附近海域被浮冰困住,情况危急,希望'雪龙'号前往遇险地点营救。"以"'绍卡利斯基院士'号被困—雪龙号前去营救—两船均被困—两船成功脱险"为故事主线,展开本节课的教学。

具体教学过程如下:

教学过程

教师预设	学生活动	设计意图
【引入新课】展示俄罗斯"绍卡利斯基院士"号被困图片,判断被困地点所在区域	判断俄船被困原因	引导同学们关注重要的新闻事件,并了解其地理背景
【板书】第十章 极地地区		
【设问】你能在地球仪上标出"绍卡利斯基院士"号受困点,并说明该点的地理位置吗	结合地球仪,找出受困点,描述它的地理位置	锻炼同学们使用地球仪和表述地理位置的能力
【学生活动】完成下面表格的填写 南极地区 | 地理位置	纬度位置	
	经度位置	
	半球位置	
	海陆位置			在老师引导下,完成表格的填写	了解南极地区的地理位置情况,掌握分析极地地区地理位置的方法
【教师讲解】结合课件介绍南极地区的地理位置,请同学们借助地球仪,完成上述表格填写,明确俄船只受困点的地理位置	注意聆听,加强互动	掌握地球仪的使用方法
【课件展示】介绍"雪龙"号救援俄船经过,并思考导致两艘船被困的原因	认真观看视频,积极思考问题	引出南极地区"独特的自然环境"部分
【学生活动】结合文字、图片和自制教具等资料,总结南极地区自然环境特点	采用阅读、观察、比较等方法,总结南极地区的自然环境特征	掌握南极地区独特的自然环境。
【教师总结】总结南极独特的自然环境特征,解答两船被困的原因		
【新闻摘要】介绍两船成功脱困,先结伴而行,而后各自驶向目的地	合作讨论,并解答问题	转换视角,用同学们的视角解读极地科学考察
【学生活动】若有一个机会放在你面前,可以和"雪龙"号一同前往南极,思考以下问题 1. 你打算选择哪个季节出发 2. 你想和栖息在南极地区的哪些动物有个亲密接触？你知道厚厚的冰层下埋藏有哪些宝贝吗 3. 你在南极地区考察可能会遇到哪些困难		

【课件展示】展示南极地区美丽壮观的景观图片,然后给出受油污污染的企鹅和捕杀鲸鱼的图片,播放全球气候变暖导致冰川融化的视频	认真观察,仔细分析	让同学们看到极地的"美"正在经受严重考验,关注南极环境问题
【看图说话】由以上的视频及图片,你发现在南极地区出现了哪些生态环境问题		使同学们意识到南极环境保护问题的重要性和紧迫性
【课件展示】展示一些国家、国际组织为保护南极环境所做出的贡献	关注这些条约,思考这样做的目的	极地的环境保护,最终还是要落实到每个个体,符合七年级同学的认知规律
【模拟与南极企鹅QQ聊天】准备与南极企鹅QQ聊天(企鹅毛绒玩具)情境,每只企鹅前都放有和学生聊天的对话框(纸),请学生把关于极地保护的倡议、建议与意见,写在对话框内	结合各自留言,写出自己想说的和想做的	
【知识拓展】 1. 从事极地旅游业务的某公司,邀请你为一批前往北极旅游的游客介绍北极地区自然环境特点,你会如何说明 2. 找出北极地区我国的考察站,收集有关资料,简要说明北极科学考察的重要意义	通过"南极地区"案例的学习,完成"北极地区"的学习	掌握学习极地地区的方法
【课堂小结】利用板书,师生合作完成本节课知识内容总结	配合老师,进行知识点的梳理	掌握本节课主要知识点,理清各知识点之间的逻辑关系

板书设计:

第十章　极地地区

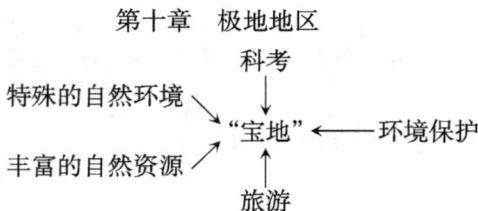

四、教学效果评析

本节课教学以营救"绍卡利斯基院士"号为主线,把教材中"独特的自然环境、科学考察的宝地和极地地区的环境保护"三块知识有机整合在一起,很好地体现了课堂教学的整体性,同时采用这种故事情境的方式,把课堂的生动性和趣味性表现得淋漓尽致。

以故事为主线,笔者在课堂教学中创设了"在地球仪上标点""模拟参加南极科考""参与极地环境保护"等活动平台,让同学们真正参与了课堂教学,体现了课堂教学中学生的主体性,许多教学中的重、难点问题都在活动中逐一得到解决。

故事情境蕴含着许多需要解决的问题,答疑解惑本身就是教学的一项重要任务,我们所说的体验式教学就是基于问题情境,有了体验之后产生积极学习的情感。课后有专家说:"本节课同学们所流露出的对极地环境保护的关注与重视,是真情实感!"

情境教学中的特定情境,提供了调动学生原有认知结构的某些线索,经过思维的内部整合作用,学生就会顿悟或产生新的认知结构,情境所提供的线索起到一种唤醒或启迪智慧的作用。

关于"山前洪(冲)积扇形成"实验的反思与实践[①]

赵东宇

(安徽省怀远县包集中学)

一、问题的缘由

2011年年底,笔者教授人教版高中地理必修一第四章"地表形态的塑造"第三节"河流地貌的发育"交流研讨课,为了提高学生的参与度,当堂组织六个学习小组做了教材上的"山前洪(冲)积扇的形成"模拟实验。备课时感觉这个实验简单方便,应该是水到渠成,然而六个小组连做两遍的结果都近乎是圆锥体,这个结果让我手足无措,原来设想的教学环节统统被这个意外的实验结果打乱。为了不影响整个教学进度,我只好草草结束。课后尽管兄弟学校的同仁把问题归结为教材实验选取不典型,我却一直忐忑不安。

原实验设计

实验材料:一杯小米或细沙、一本书、一张白纸。

实验步骤:

(1)将白纸平铺在桌面上;

(2)将书本打开并倾斜放于桌面;

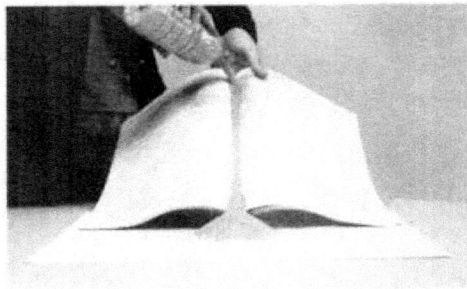

图1 山前洪(冲)积扇的形成模拟实验

(3)将小米或细沙自书本的中缝从高处向下缓缓倾倒;

(4)观察在白纸上形成的堆积体的外形。

---

① 原文发表于《中学地理教学参考》2013年第3期,第46-47页。

问题思考：

(1)细沙在书本前形成的堆积体外形是否具有山前洪(冲)积扇的特征？

(2)流水搬运物体的重量与水流速度的6次方成正比,据此推断山前洪(冲)积扇沉积物颗粒的大小分布有什么规律？

(3)这个实验能否反映山前洪(冲)积扇不同颗粒沉积物的分布规律？为什么？

(4)如何改进这个实验？

二、实验的问题与不足

课后反思,这个实验操作简便,过程简单,试验预期达到的效果就是能直接看到堆积体比较明显的扇形形态特征,笔者和学生反复做了多次尝试却发现,书本下面的空隙导致堆积体的扇形特征不明显,外形几乎是一个锥体,和直接倾倒基本上没有什么差异,试验的效果大打折扣。对于问题思考中的设问,因为学生缺少实验带来的直观感受,不能进行有效的思维迁移,所以实验设想引发的学生深层次思考也无法实现。有感于此,笔者鼓励每个小组展开讨论,尝试从中找出实验失败的原因。经过讨论,大家达成了一致的意见：

首先,书本中缝凹槽与河流的河床差异很大,坡度过于均一,不仅没有考虑弯曲的河道,还缺少考虑河谷宽度的变化、山前的开阔地形、河床比降的差异等。其次,选用的小米或细沙颗粒大小相当,分选性差,山前洪(冲)积扇不同颗粒物的沉积分布规律不明显。第三,模拟实验中没有流水,流水的沉积作用没有得到直观的体现,也缺少可靠的实验数据。第四,"河流地貌的发育"这一节包括了流水侵蚀地貌和流水堆积地貌,可以从整体性的角度来设计,为实验堆积的河床模型在没有使用之前,可以作为流水侵蚀地貌的模型,之后又可以作为流水堆积地貌的实验工具,这样既提高了课程资源的利用率,又能帮助学生获得直观的感性认识,有效提高探究的效率。

三、关于改进实验的思考

基于以上认识,为了增强试验的直观性和科学性,笔者鼓励学生利用课余时间针对出现的问题,查阅资料,分析思考这个实验如何改进。为了进一步提高学生的探究能力与合作精神,笔者将上述问题进行分工,第一小组针对"小米或细沙颗粒大小相当,分选性差"这个问题,重点解决河床模型的材质;第二小组从河床的长度、比降、坡度变化、宽度变化、水系等角度去考虑演示实验的科学性和直观性,重点考虑河流不同河段的模型设计;第三小组从整体性的角度考虑流水的形成、侵蚀作用、沉积作用,以及每个环节应该注意的事项。经过一段时间的准备,每个小组围绕各自的主题,汇报交流,就如何解决或者规避出现的问题达成以下几点共识:

关于土壤的设计:为了在短时间内取得明显的实验效果,直观展现流水作用的过程,一定要注意制作模型所用的材质比例。经过多次试验,中粗砂、细沙、黏土三者的比例为1:3:6时,流水的各种作用效果明显。这里需要特别注意的是,黏土需先晒干,碾成粉末后再与中粗砂、细沙充分搅拌均匀。

关于河流的设计:主要考虑河流的几何形态特征,如长度、支流数目、起伏、坡度、流域面积、河网密度等。根据降水的强度,中下游要注意设计合理的长度。长度过长,会导致模型成本高,搬运困难且不易于课堂使用;长度过短,河流的堆积作用不明显,影响实验效果,并且上游要保证部分支流或者沟谷有一定的汇水面积,这样才能保证有合适的水量和水速,否则河源地区溯源侵蚀、侧蚀、下蚀等效果不显著,没有足够的侵蚀量,谷口的堆积作用也达不到预想的实验效果。为了能较好地体现山前洪积扇和冲积扇的形成过程,在谷口要预留一定的空间。

关于山谷的设计:为了真实体现流水动力地貌形成的情况,模型的设计要尽可能体现一个小流域的地貌特点,不同汇水区域的大小、落差,上游支流(沟谷)的长短、宽度、深度、比降,谷口开阔地的预留面积与干流河床的高差和间距等。开阔地应该和干流河口有一定距离,如果开阔地过于狭窄,没有洪(冲)积扇形成的足够空间,就会直接影响实验效果;还要注意干流河床要比支流河床稍微偏低,如果高度相当,很有可能形成的堆积体被上游来水侵蚀,失去完整的外部形态和分选明显的内部结构。

关于雨水的设计:为了营造较为真实的降雨过程,要尽可能选用面大、孔多的淋浴喷头,目的是要尽最大可能保证模拟的降雨能覆盖模型的大部分区域。实验时模拟的降雨区域应该主要集中在上游山区,同时要合理控制降雨强度,雨水过小,耗时长,会影响课堂进度;雨水过大,雨水直接冲刷河床,体现不了河流的动力作用,而且过程也不明显。因为实验的目的是要验证流水的动力地貌,避免雨水冲刷地表,破坏土壤结构,尽可能让降落到地面的雨水汇聚成水流后,再直观影响和塑造地表形态。

关于"流水"的处理:为了防止"河口"流出的水流到教室或者实验室地面上,在河流下游模型的两侧开孔,开孔大小和多少以能正常排水为原则,水流过快、过于集中会使下游的河口沉积作用不明显,过慢、过于分散则可能会导致"流水"漫溢。小孔的下方置放水桶,收集"流水"。

新实验设计

实验材料:粒径大小多样的沙粒若干(以中细沙为主,控制比例),自制多孔喷水壶(条件允许可以做成悬挂水箱,安装带阀门的水龙头淋浴喷头),一个浅木槽(槽缘略高于土壤表面,防止"流水"漫溢)。

实验步骤:

(1)用沙粒在木槽上做一个河流流域模型上游需要坡度大一点,山谷地貌明显;

(2)用水壶在河流上游区域洒水,注意强度适中、均匀;

(3)观察在谷口形成的堆积体的外形特点;

(4)观察河流下游地貌形成特点。

问题思考:

(1)谷口形成的堆积体外形是否具有山前洪(冲)积扇的特征?

(2)观察山前洪(冲)积扇沉积物颗粒的大小分布有什么规律? 根据"流水搬运物体的重量与水流速度的6次方成正比",试分析其原因。

(3)这个实验能否反映山前洪(冲)积扇不同颗粒沉积物的分布规律? 为什么?

(4)河流上游的侵蚀地貌与河流中、下游形成的冲积平原明显吗? 原因是什么?

四、新实验的观察与思考

受上课时间的限制,实验可以在课前完成。实验过程中,要提醒学生注意观察并记录,模型中的泥沙被流水侵蚀成沟谷的长度在不断向上游延长(流水的溯源侵蚀作用),而且沟在不断加深(河流的下蚀作用),沟的宽度也在不断增加（河流的侧蚀作用）。在沟口发现泥沙有规律的堆积，颗粒大的先堆积，颗粒小的后堆积，继而观察堆积物的平面形态，引导学生从其形状上如同一把扇子来认识河流冲积扇或者洪积扇。

　　实验初步可以得出的结论有：河水在流动的过程中，会通过流水的侵蚀、搬运、堆积等作用使地表形态发生改变。在河流上游，流水的溯源侵蚀作用和下蚀作用会使河道不断延长、加深；河水行至中游地段，随着坡度不断减缓，下蚀作用减弱，侧蚀作用逐渐成为主导作用，使河流不断拓宽；下游河道不断变宽、流速减缓，流水携带泥沙的能力减弱使泥沙堆积，特别是在山前地带，河流出山口后地势开阔，泥沙堆积而形成山前冲积扇。按照流水搬运物体的重量与水流速度的6次方成正比的原理，水流冲出山谷后，河床变宽，水流减速，泥沙逐渐沉积下来。因此，冲积扇或者洪积扇的特征表现为：扇顶物质较粗，主要为砾、砂，分选性较差；随流水搬运能力向扇缘减弱，堆积物质变细，分选性也较好。

　　遗憾的是实验还有许多明显的不足：由于时间较短，河口三角洲的形状不明显；实验的可控制性也不是很好，"降雨强度"没能得出一个具体的参数，全靠师生的感觉。从实验的准备和不断完善的过程中，师生感受到了成功的喜悦，也认识到了实验还不能替代野外地理观察，还需要在必要的时候走出教室，到大自然中去观察、思考。

引入实验教学　活化地理课堂①

邵同洋

（安徽省怀远县包集中学）

实验教学是物理、化学、生物等学科惯用的教学方法，具有很强的实践意义，而且学生乐于参与。实践性是地理学科的重要特性之一，如果把实验教学引入地理课堂会有什么样的效果呢？经过多年的实践，笔者认为，引入实验教学不仅能活化地理课堂，同时能很好地贯彻新课程理念。

首先，实验教学营造了宽松、民主、和谐的课堂氛围，能活跃课堂气氛。教室虽然是学生熟悉的场所，但受校纪班规的种种限制，上课铃声一响，教室的气氛便是严肃的，学生在课堂上的发言也非常谨慎。而地理野外实验则不会这样，实验过程中学生共同参与，分工合作，能力互补，动口动手与动脑相结合，所谓的"后进生"在实验中也活跃了起来，因为他们大都实践能力很强，甚至发言权也不再是少数优秀生"一统天下"了。师生之间的关系也得到很好的改善，一个平常不善言语的学生主动说："实验课给我的感觉是讲台（师）与座位（生）间的距离感没了。"即便是课堂演示实验，大都是师导生演，课堂气氛也自由开放多了。

其次，实验教学能为课堂有效激趣，激活学生积极参与的热情。器材（实际是日常用品）与教师精心设计的问题都会达到很好的激趣效果。地理课上教师设计的实验大都是简单易操作的，材料也是日常生活中易取易得的。比如，在演示地球自转时用牙签和一碗水，模拟龙卷风实验时用两个"雪碧"瓶和一个洗洁精瓶盖，估测建筑物高度时用小平面镜与皮尺，验证土壤空隙百分比和土壤空隙中水气此消彼长时用一次性杯子（透明），等等。像这样用"小器材"来反映"大道理"，对学生能不产生吸引力吗？只要学生感兴趣便会自愿接受参与。再

---

① 原文发表于《地理教学》2006年第5期，第43～44页。

如模拟演示龙卷风实验时,笔者拿着两个空"雪碧"瓶刚进入教室,学生就把目光集中到"雪碧"瓶上,起立坐下后,同学们就赶紧翻阅教材,希望了解即将演示的原理。待课堂进行到演示内容,讲完实验要领,要求自愿演示的同学报名时,同学们都争先恐后地举起了手,笔者还没来得及指定,后排的一名男生便大步走上台来。待演示成功,观察完现象时,笔者就势设问了一句:"如何理解这种现象呢?"顿时班里安静了下来,接着是踊跃的发言和积极的讨论,可见他们的思考和发言也是积极的。这样的实验课才是"以学生为主体",真正实现了"师生角色的互换"。

最后,实验教学能活化思维,有利于培养学生的创新精神,使课堂知识得到有效拓展和延伸。实验教学引导学生积极观察,而观察为学生积累了丰富的感性材料,进而可以上升到理论认识的高度。这一学习过程为学生营造了良好的创新氛围。比如,"重测珠峰高度"的新闻播报以后,笔者设计了一个估测建筑物高度的课外活动课:把一个平面镜放到教学楼前约20米处,观察者缓缓后退到能在平面镜里看到楼顶为止,而后根据自己的身高和相似形原理计算即可。由于当时只有一把皮尺(而平面镜好多同学自己都有),同学们你争我抢迫不及待,进行了几组后,突然有位学生大声说道:"不用皮尺也能估算"。只见他靠墙立正,均匀向前迈出20步,放下平面镜,而后转身徐徐后退,停止后再步量距平面镜的步数计算。我情不自禁地大声喊了起来"完全正确",接着响起掌声一片。此时又听一位学生幽默地说道:"这下我回家可以教我爸一招了。"大家吃惊地望着他时,他说:"我爸是做木材生意的,利用此方法到乡下买树可以合理测高估价了。"笔者及时地表扬了以上两位同学,并告诉大家,这就是知识创新,生活中需要这种创新精神;这就是地理知识对生活的有用之处,并且对我们终身发展有用。

以怀远县为例探析乡土地名的地理涵义①

赵东宇

（安徽省怀远县包集中学）

一、活动的缘起和背景

新学期第一节地理课，一位转校入学的学生在做自我介绍时，一句"我家住在怀远县陈集乡张驴沟村"引得全班哄堂大笑，这同学当场窘得面红耳赤。笔者没有急着去制止同学们这个意外的"激动"，待喧闹稍微平息之后大声说："同学们肯定和老师一样对这个地名的由来很感兴趣，能否请我们的新同学给我们介绍一下这个地名的来历？"这位同学稍稍平静后，自信地说："相传很久以前，我的家乡有座庙叫君王庙，庙里住着薛超老和尚和他的徒弟张果老。薛超有根珍藏多年的人参，一天他让张果老在家架锅煮人参，自己去请各地的佛主来品尝。时近中午，张果老已经把人参煮得芳香四溢，那扑鼻的香味使他情不自禁地揭开锅盖，尝了一口，谁知那诱人的香味让他一口接一口，最后连汤都喝光了。这时驴棚里传来一阵驴叫，张果老心想，莫非自己的老驴也想尝尝鲜，于是把锅刷了刷，刷锅水拿去喂了驴。张果老看见那喝过汤的老驴四蹄翻腾，跃跃欲飞，才意识到自己严重触犯了师门清规，于是心想不如趁师傅未回来骑驴逃跑算了。然而边跑边想，却越想越害怕，越怕越是想回头，最后索性脸朝后倒骑着驴跑起来。快跑到濉河边时，张果老忽然发现师傅从后面急急地追了上来，吓的他双手使劲一拍驴屁股，老驴疾飞而去，慌乱中滑落的缰绳在地上竟拉出一道十多里长、三四丈宽的大沟，加上当地的百姓以张姓为主，从此当地便叫张驴沟了。"听完这个美丽的传说，班里每个人都对新同学投来赞赏的目光，笔者突然想起《义务教育

---

① 原文荣获2013年第七届安徽省中学地理优秀论文评选一等奖。

地理课程标准(2011年版)》中的三大课程理念之一就是:"构建开放的地理课程。地理课程着眼于学生创新意识和实践能力的培养,充分重视校内外课程资源的开发利用,着力拓宽学习空间,倡导多样的地理学习方式,鼓励学生自主学习、合作交流、积极探究。"我们完全可以紧密联系生活实际,突出反映学生生活中经常遇到的地理现象和可能遇到的地理问题,于是趁热打铁地问同学们是否愿意了解更多我们可爱的家乡——怀远各地乡土地名的由来,全班同学几乎异口同声地回答"愿意"。既然大家愿意,笔者决定利用节假日举办一个社会实践活动,收集各地乡土地名的由来。

二、活动方案的制定与落实

(一)活动方案

1.活动名称

怀远县乡土地名地理涵义的调查。

2.活动依据

《义务教育地理课程标准(2011年版)》要求帮助学生认识学校所在地区的生活环境,引导学生主动参与、学以致用,培养学生的实践能力,增强学生爱祖国、爱家乡的情感。地名是一定的社会群体为特定的地域所约定的专有名称,作为一种综合性的文化现象,在某种意义上可以被称为反映微观区域环境的活化石。地名真实地反映了各地的地理特征、经济生活、宗族观念、历史变迁以及源远流长的文化等,具有丰富的文化底蕴。

3.活动意义

地名作为"乡土文化的镜像",其名称的延续性和稳定性较好地保存了当地地域文化的特征,通过了解地名的由来,可以探析地名与当地自然环境、人文环境的联系,概括其中的共性,讨论其特殊性。在调查研究的过程中,帮助学生初步了解研究性学习的方法以及总结论文的撰写方式,培养学生小组成员之间的默契、协作的团队合作意识,进一步帮助学生深入了解自己的家乡,感悟家乡的地名文化。

(二)活动实施

1.组织分工

共分为5个小组。小组成员间的组合要考虑到家庭住址与研究区域的吻合度以及各小组之间的人数均衡性。

（1）组长职责：负责组织协调、材料整理、安全提醒等工作。

（2）成员职责：按照商议好的走访线路，在不同的调查点，小组成员轮换做记录员、访谈员、摄像师等工作，调查各地自然村名字的由来，共同尝试从村名中发现各地的地理环境特征，以及它们与当地社会文化的联系。

2.实施步骤

（1）按图索骥：每组的成员首先按照教师提供的《怀远行政区划图》对小组所分区域的地名进行分类列表（表1）整理，根据现有地名和生活中的认识梳理各地地名的由来，有争议的或者模糊不清的提交班级讨论。

表1

名称分类	具体名缀	地名的由来	地理意义突出（打勾）	有待进一步调查（打勾）
地形地貌	岗			
	湖			
	洼			
	滩（湾、咀）			
	坡			
	山			
河湖水文	溜			
	沝			
	涡			
	沟沿			
历史遗存	楼			
	城			
	巷			
	圩			
	庙（寺）			
	郢			

名称分类	具体名缀	地名的由来	地理意义突出(打勾)	有待进一步调查(打勾)
生产贸易	坊			
	场			
	梨园、枸园			
	耙齿			
	碾盘			
	集			
历史遗迹	古城			
	马头城			
	郢			
宗族祠堂				

（2）调查走访：每组成员都要积极对小组发现的或者班级讨论中出现的有争议的或者模糊不清的地名进行考证，通过查找《怀远县志》《怀远旅游》《蚌埠掌故》等资料，或者利用节假日走访当地的老人，再结合实地考察，进一步了解当地的自然地理特征与地名的关联度，或者对比各种传说，去伪存真，及时记录调查日志，绘制简单的地图或者拍摄照片佐证日志。

（3）整理总结：根据调查结果，各组完成调查报告在班级汇报后，进一步整合成《怀远乡土地名地理涵义大全》。

三、怀远乡土地名地理涵义的分类解读

（一）地形地貌类

怀远地形以平原为主，除荆、涂二山外，其余丘陵海拔均小于200米，具有海拔较低、坡度和缓的特点。老百姓习惯将突兀在境内的丘陵叫山。村落依山而建，或以境内山名命名，或以与山体的方位关系命名，于是许多村名中含有山，如靠山、太山、涂山、山后、山前、石山、姚山，表明"山"已融入当地的文化。该类地名主要分布在县城的东南部，这与当地起伏不平的地形地貌特征相契合。而分布在沿河地势较高的土坡上的村庄相当一部分以"岗"作为通名，如闻岗、朱家岗。

怀远北部地名中许多含"海"和"湖",指的并不是真正的"大海"和"湖泊",而是一种因河流而形成的特殊地貌——湖地。这类地貌主要分布于县内淮河、涡河、淝河、茨河、天河等河流两岸地势空旷低洼的地方,大雨之后容易积水,犹如湖荡,故称"湖"或者"海",如滕湖、水海等。有的地名就直接用"洼"字来反映地势低洼,如淝河下游的四方湖北岸就有黄洼、洼子李。以湾、咀、滩等为通名的地名一般位于河流弯道岸边或河流交叉口,由河水泛滥的泥沙沉积而成,自然形成向前凸出的山嘴状地形,如怀远县境内淝河沿岸,以"咀、滩"为名的村庄很多,如钱咀子、刘滩。这些地名反映了因流水作用而形成的河流地貌特征。

(二)河流湖湾类

怀远境内雨量适中,水系众多,水资源丰富,全县河湖总面积约197.18平方千米,约占土地总面积的8.3%。从构成来看,这类地名大致可以分为三类:一类直接反映与水相关的自然特征,直接以境内水域名称(河、沟、塘、泉、淮、淝、涡)命名,如淝河村、乳泉社区、金沟村、茆塘村。一类直接体现区域的水文水系特征,如双沟村就是因境内有两条注入涡河的大沟而得名;河溜村中的"溜",指"迅急的水流",其名因涡河流经此处时转弯急、河槽窄,形成"迅急的水流"而得名;或者是按照分布在水域的位置来命名,如淝北村是因其分布在淝河北岸而得名,北沟沿、南沟沿是因境内有无名大沟,两个村庄又分列沟的南北两侧而得名。还有一类是将反映境内水文特点的通名前加上姓氏来命名,如葛家湾就是在涡河的河湾上,加上当地的宗族主要是葛姓,名字就这样沿袭下来了。

(三)宗族祠堂类

在怀远地名中,最多的是以姓作为专名部分构成的地名,即姓氏地名,反映出沿淮农耕文化中强烈的宗族观念。怀远的姓氏地名大体可以分为两类:一类是姓氏和通名直接相加,如孙巷子、杨拐子、崔大郢、唐店、徐湾、朱疃、常桥、苏集等;另一类是姓氏加"家"再加通名,如尤家村、谢家巷、吴家圩、罗家河、年家庙等。这些姓氏地名主要是依据早期居民或移民居民的宗族姓氏命名的。如常坟,《怀远县地名录》载:常坟又名常家坟,明朝开国大将常遇春祖坟在此,故名。现今仍有常氏后裔居此,且为当地望族。这些姓氏地名反映了中国传统宗法制度的影响以及百姓重宗族的传统观念。在社会生产力水平低下的时期,为了生存和安全,同宗同族有血缘关系的人往往聚居在一起,团结协作,共同抵御自然灾害和不利的社会环境。因此,宗族的聚居地自然要以体现宗族特征的姓氏来命名。

(四)历史传说类

作为华夏民族的治水英雄和夏王朝的奠基者,大禹一直被视为中华民族的祖先,是中华民族优秀历史文化的创造者之一。著名历史地理学家谭其骧教授也认为"怀远的涂山就是夏禹的涂山",以怀远涂山为中心的涂山氏国是大禹治淮的基地,大禹的妻子——涂山氏女就是该国的一位年轻领袖。大禹文化在怀远地名中也有着明显的表现。在怀远涂山周围,留下了许多与大禹相关的地名。如荆山峡,位于荆涂二山夹淮相对处。《水经注》载:荆山左,涂山右,二山对峙,相为一脉,自神禹以桐柏之水泛滥为害,凿山为二以通之,今两岸凿痕犹存。再如位于怀远涂山脚下的"禹会村",该村早在晋朝《太康地志》中已有记载:涂山"西南又有禹会村,盖禹会诸侯之地"。明嘉靖《怀远县志》载:涂山"上有禹庙,前有禹会村"。该村内曾有禹庙,也称禹帝行祠,现仍有台基可寻。现禹会村内有一条路,叫走马岭,传说是大禹治水时到工地查看工程经常骑马所走的道路,路的尽头有一个池子,称为饮马泉。在禹会诸侯的会议中,防风氏部落领袖"后至,禹诛之"。传说防风氏死后尸倒九里,骨拉千车,血流上下洪(红),于是有了后来的"上洪村"和"下洪村"这两个地名。此外,怀远与大禹相关的地名还有很多,涂山上的禹王宫、启母石、台桑石、卧仙石、歇马亭、凤凰坡、鲧庙遗址,以及荆山上的启王庙遗址等,皆记录了久远的人类历史和优美动人的故事传说,彰显出怀远涂山大禹文化的深厚内涵。如今,以大禹文化为中心的地名仍在发展,如新中国成立后命名的怀远县城主干道——禹王路,2010年县政府命名的新城区道路及广场,如禹都大道、启王路、涂山路、大禹广场等,都显示出当地居民对大禹文化这一宝贵文化资源的珍视与传承,大禹文化在新时期里仍充满生机和活力。

(五)生产贸易类

郭锦桴先生在《汉语地名与多彩文化》中说过,带墟、店、集、市、铺等的地名都与市场中的集市、店铺密切相关。怀远地名中有大量以"集""店"为通名的地名,如鲍集、陈集、褚集、唐集、苏集、小集、赵集、杨集、唐店、张店等,反映了怀远历史上活跃、繁荣的集市贸易。还有些地名可以反映出历史上的手工业状况,如染坊村、酒坊村、油坊村、糖坊村、瓦坊村、弓弦李村等就反映了当时为满足人们衣、食、住、行等需求而存在的各种店铺和手工作坊相对集中的现象。随着时代的发展和社会的变迁,这些地名的性质发生了改变,由过去的"集市、店铺和作坊"逐步演变成了聚落的名称。另外,怀远县境内还有许多村庄的通名为"场""园""碾盘"等,如龙亢镇境内的"棉种场""鱼苗场",陈集乡境内的"梨园""枸园",双桥镇境内的"刘碾盘"等,都反映了农业生产活动的历史状况。这些带有人类活动烙印的地名,再现了当时的市场和行业状况,也反映了历史上怀远的经济发展和产业分布情况。

(六)改造自然类

在怀远地名中,反映人类活动改变自然面貌的地名非常多,如陈圩村、方坝村、苗台村、庄堰村、刘桥村等,这些地名多与怀远境内发达的水系、众多的河流等有关系。水网密布固然给农田灌溉和人民生活带来方便,但历史上也常有洪水泛滥,淹没土地,造成水灾。为了在这种环境下生存,人们选择自然地势较高之处聚居并且筑圩护田,或堆土筑台,或修建堰坝。在和自然灾害长期斗争的过程中,这些治水和用水的举措既体现了淮河流域劳动人民的智慧,又产生了这些凸显劳动人民对当地地理环境改造和利用的地名。

(七)历史遗迹类

怀远历史文化悠久,古迹较多,有一些地名是因旧邑、古城而形成的。龙亢,因西汉所设龙亢县得名。清嘉庆《怀远县志》载:"龙亢故城,在县西北七十五里,今为龙亢集。"马城,因马头县而得名。《怀远县地名录》载:"南北朝置马头县,晋安帝时因山似马头命名马头城。"古城,因古涡阳城得名。清嘉庆《怀远县志》载:"古城即涡阳城,在县北三十里。"

怀远境内相当一部分村庄用"郢"作通名,《现代汉语词典(第6版)》中解释"郢"为:"周朝时楚国都城,在今湖北荆州。"学生在网络上找到的解释常有四种:①古邑名,郢,故楚都,在江陵郡北十里。今湖北荆州府江陵县北。②春秋战国时楚国都城。在今湖北省江陵县纪南城。③汉县名。故址在今湖北省江陵县东北,纪南城东南。④代称楚国。如郢书燕说、郢人。然而上述任何一种解释都不能解释怀远境内的魏郢、夏郢等村庄为何要用"郢"作通名。后来有个学生听村里的老人说,"春秋战国时期怀远全境属于楚国的东北边防,原为军营所在地,楚亡后楚国后人为纪念楚国将'营'改为'郢',并一直沿用至今"。另外,在怀远西北还有几个村庄用"炮楼"作通名,经过实地走访才知道,这里距解放战争时期的淮海战役指挥中心双堆集很近,曾经有重要的军事防御工事——炮楼,在此附近聚居的老百姓便在其前面加上姓氏作为聚落的名称了,如张炮楼、李炮楼等;还有不少村庄的通名用"庙""寺"字,几乎都与当地曾经有过寺庙有关,如火庙过去就有火神庙,许田寺过去也有寺庙;有的则是按照村庄分布在寺庙的方位来命名,如庙东、庙西等。

总而言之,通过活动学生不仅感受到了怀远乡土地名里蕴含的丰富文化内涵,还进一步熟悉了家乡的地理特征,了解到了家乡的历史遗迹和时代变迁,领悟到了独具特色的、源远流长的大禹文化和淮河文化,最为关键的是,这次探析乡土地名的活动提升了学生的社会实践能力和学习地理的兴趣。

河湖水文特征的"动"与"静"①

韦 军

（安徽省蚌埠市铁路中学）

河湖水文特征是课程标准和高考考试说明中的重要内容,也是近几年高考中的高频考点。学生在答题练习中,对河湖特征的静态成因和动态变化原因的表述常常混为一谈,没有能够理解河湖水文特征"动"与"静"成因的区别,导致得分率低。有些模拟题的参考答案也出现此类情况。笔者针对水文特征中的水量和含沙量特征的静态成因表述和动态变化原因分析,谈谈自己的看法。

在日常的教学中,河湖水文特征中流量和含沙量特征形成的原因多通过影响流量大小和含沙量的因素进行分析讲解,或对不同河流流量大小及其原因进行比较,这就是我们常说的静态描述和空间差异比较。而流量动态变化的原因,常是容易被忽略的内容,也是学生比较薄弱的环节。

一、河湖流量的"静"与"动"

流量指单位时间内通过某一断面的水量,常用单位为立方米每秒。流量随时间的变化过程可用流量过程线表示。此外,常用的单位还有日平均流量、月平均流量、年平均流量等。

河湖流量大小,主要受水源的补给和损耗的影响。具体补给影响因素主要有大气降水、冰川融水和积雪融水,损耗包括水汽的蒸发、人类生产生活的使用以及植被涵养水源的多少。河湖流域内水源的补给量大,而损耗量小,那么水量大;反之,水量小。例如,咸海水量小的原因是深居内陆,距海遥远,降水少;夏季高温,冬季风力强,蒸发旺盛;植被覆盖率低,补给河流下渗严重等。这些都属于静态描述。而咸海水量减少的原因是:阿姆河和锡尔河(咸海的主要补

---

① 原文荣获2015年蚌埠市中学地理教学论文评选一等奖。

给水源)沿线居民生活用水、工农业生产用水需求量增大,过度引水导致两河对咸海的补给量急剧减少,进而导致咸海水量减少。水量"减少"体现了"变化",显然,随着人口数量的增多,社会经济的发展,人类生产方式和生产规模的变化,对水的需求量也随之发生变化,从而导致水量的变化。自然因素的变化相对微弱,当然近些年来温室效应不断增强,全球气温在不断上升,也可能导致蒸发量增大,进而导致咸海的水量减少。但实际上,全球气候变暖,冰雪融水量也会增加,总体平衡,对咸海水量影响较小。

所以,静态特征形成的原因应该从影响水量的因素进行分析,而动态变化的原因一定要体现一个"变"字,如"深居内陆,距海遥远,降水少"等这类因素是一直存在的,并没有发生明显的变化,所以不能作为水量变化的因素。

二、河湖含沙量的"静"与"动"

含沙量是指河水中泥沙的多寡,即单位体积浑水中所含泥沙的重量(千克/立方米)。河流含沙量主要取决于流域内暴雨集中程度、土壤结构与组成、地表切割程度、地面坡度及植被覆盖条件。

含沙量静态特征形成的原因分析,主要从影响含沙量的因素来分析,包括流域的气候、流域内的植被覆盖率、河流的流量、河流的流速、流域的土质等。例如,黄河中下游含沙量大的原因主要是:黄河中游流经黄土高原,位于温带季风气候区,夏季降水集中,多暴雨;风力沉积而形成的高原,土质疏松,易被侵蚀;阶梯交界处,河流落差大,流速快,冲刷作用强;人类活动导致植被覆盖率低,地表缺乏植被保护,等。

含沙量动态变化的原因,要从影响含沙量因素的变化进行分析,但有些影响因素短时间内不会发生变化,所以对含沙量的变化不会产生影响,如气候特征、流域的土质、流量的多年平均值、流速等。但有些因素易受人类活动影响,对含沙量的动态变化会产生较大影响。近年来,黄河中下游含沙量有所下降主要是中游黄土高原地区进行生态环境建设的结果,如:流域内植树种草,增加植被覆盖率;大坝淤地等工程建设,可拦截泥沙,减少入河泥沙量等。黄河含沙量的变化,主要受人类活动的影响。

从上述两个河湖特征中可以看出,影响河湖水文静态特征形成的因素中,包括自然因素和人为因素,但往往自然因素是主要因素;而河湖水文特征动态变化的影响因素中,因为自然因素短时间内不易发生改变,所以人类活动往往成为河湖水文特征动态变化的主要影响因素。

　　在地理学中,关于特征及特征变化影响因素的描述和分析的考题很多,除了河湖水文特征,其他自然环境特征也有静态成因和动态成因的分析。在人文地理中也存在对静态成因和动态成因分析的问题。如"影响某企业发展的区位因素有哪些"这类问题属于对静态影响因素的分析,"影响某企业由一个区域转移到另一个区域的因素有哪些"这类问题就属于对动态影响因素的分析。

　　总而言之,此类问题一直都是中学阶段教学的重点内容,无论是自然地理还是人文地理,区分地理学中的"静"与"动"也是中学阶段学生理解中的难点问题,很多同学对于静态成因和动态变化的原因理解得不透彻,所以教师在日常的教学过程中应该重视。

ArcGIS9在中学地理教学中的应用①

李 彩

（安徽省蚌埠市第十二中学）

在人类历史的早期，人们就开始用抽象化的方式来表达和共享知识。在信息社会的今天，对于地球及整个环境的理解，也可以通过抽象化的方式来表达和交流。著名地图与信息系统专家陈述彭院士认为："定性描述是地理学的第一代语言，地图是地理学的第二代语言，地理信息系统是地理学的第三代语言。"中学的地理教学经历了多年的徘徊，地球仪加地图的教学手段一直陪伴着老师们走到了新世纪。传统的纸质地图作为辅助教学的工具，一方面，它是一种内容丰富、地形清晰、图例清楚的地理教学的直观教具，能把抽象的概念具体化，零星的知识系统化。在教学过程中，使地图和教材紧密联系起来，能做到生动具体，概念深刻，不仅能帮助学生理解、记忆，而且能培养学生分析问题和解决问题的能力。另一方面，纸质地图也存在着所示信息与资料陈旧，不能进行实时查询、更改和维护等缺陷。因此，传统的纸质地图已不能适应现代中学地理教学的需要。目前，我国地理教师，特别是中学地理教师，地理知识的更新速度较慢，对地理学当前发展现状和发展趋势把握不足，有些中学地理教师还不知道GIS（地理信息系统）是怎么一回事。

近年来，随着GIS技术的不断发展，其在国民经济中的地位日趋重要，应用领域越来越广泛。GIS的出现为地理学的发展提供了契机，为中学地理教学注入了新鲜的"血液"。地理学是一门理论联系实际的应用学科，教师在进行地理教学时应重视地理理论的教学，同时还要搞好地理技能的教学。一方面，GIS能够采集、编辑、综合处理地理数据，具有很强的地图存储、管理和创建功能，以及较强的空间反映功能，为中学地理教学提供了现代化的教学手段；另一方面，

---

① 原文发表于《科技信息》2012年第24期，第67～68页。

GIS应用于地理教学并不是单纯地介绍GIS知识,而是培养学生应用GIS的知识和工具,通过计算机网络系统对大量复杂的地理信息进行分析和探讨。

一、ArcGIS 9简介

ArcGIS 9是美国环境系统研究所(Environmental System Research Institute,ESRI)开发的软件,是世界上应用最广泛的GIS软件之一,是一个全面的、完善的、可伸缩的GIS软件平台,无论是单用户,还是多用户,无论是在桌面端、服务器端、互联网,还是野外操作,都可以通过ArcGIS构建。2005年,在继承已有技术的基础上,ESRI推出ArcGIS 9,其功能和适应性大大提高,不仅易学易用,而且功能强大,可以让用户根据自己的系统需求量身定制,包括通过扩展现有平台和二次开发以应用在中学地理的教学方面。

1. 地图表达和处理功能

ArcGIS 9作为一种功能强大的图形软件,利用点、线、面、区域等多种图形元素,以及丰富的地图符号、文本类型、线型、填充颜色等表现类型,可详尽、直观、形象地完成电子地图数据的生成;可以根据实际需要进行矢量化;采用层的概念来组织和管理数据,对地图进行分层组合;具有视图的缩放功能,用户可对矢量图形和栅格图像进行任意比例的缩放;提供多种投影模式。

2. 关系型数据库管理功能

ArcGIS 9内置关系型数据库管理系统,支持SQL查询和动态链接关系型数据库,可以将数据库的数据和图形有机结合。ArcGIS 9中的多用户数据库通过ArcSDE支持多种数据库平台,包括IBM DB2、Informix、Oracle和SQL Server。

3. 数据查询分析功能

ArcGIS 9具有广泛的地理分析环境,具备了独特的解答各种地理问题的能力,如提供区域查询工具、缓冲区查询工具,以及一些常用的逻辑与数学的分析查询函数。通过地理编码,可以完成两个或多个表之间的自动关联,进行空间信息的传送,满足用户空间分析的需要。另外,ArcGIS 9还推出了一种全新的空间处理(空间分析)方式。

4. 数据的可视化表达功能

ArcGIS 9提供了多种数据可视化方式,包括独立性、范围值、等级符号、点密度、柱状图、饼图6种方式,操作简便、灵活,可制作专题地图。可通过浏览窗口显示查询的结果,还提供了三维分析功能。

二、ArcGIS 9进行地图教学的实践

安徽省历年地理会考、高考中对地图考查的比例都比较大,一般超过40%。《地理教育国际宪章》指出:"应把地图的应用列为培养学生技能的主体要求。"地图在地理教学中的地位非常重要。ArcGIS 9具有数据采集、管理、分析、显示等功能,在培养学生读图、绘图、分析地图方面有着传统地图无法比拟的优势,尤其是在培养学生动手技能和实践能力方面。由于硬件和软件设施条件较好,教师和学生素质较高,实施比较方便,加上会考、高考的要求,笔者所在学校在高二阶段实施ArcGIS 9教学,现有两位地理老师专门担任ArcGIS 9汉化版教学,先作为选修课,积累了一定的经验后在全校其他年级逐步推广。教学实施情况如下:

1. 地图数字化

在ArcGIS 9地理信息系统中,地理实体按点、线、面、体建立图层。首先,给学生一张中国疆域轮廓栅格底图,让学生在ArcGIS 9中建立几个图层,面图层为中国疆域,线图层为河流。同时,为每个图层建立相应的属性表。图层建好以后,让学生根据中国疆域轮廓栅格图画出相应的内容。两个图层,分别对应两个属性表,可以通过菜单改变表的属性数据。同时可以用Access、Excel建好数据库,通过修改表结构、添加行、更新列等操作导入ArcGIS 9中。

2. GIS地图操作显示

GIS地图操作显示主要是指直接利用ArcGIS 9图层或者主题显示的地图辅助教学的方式。这种方式能够帮助学生更快更深刻地认识地图及地图上所反映的信息。以"我国人口分布"的教学为例,ArcGIS 9中ArcMap地图的操作可以在一张地图中同时显示各行政区的绝对人口数量,这样可以方便学生进行各行政区人口数量的对比,增强了学生对各信息认识的深刻性,同时能够更直观地向学生展示中国人口分布的态势,便于学生总结人口分布的特点。

3. 地理空间分析

一方面是对地理位置的空间分析,主要是指利用GIS所具有的查询功能,直接在主题图档中显示查询目标,进行直观教学。定点查询、范围查询和线路查询都能在地理教学中起到良好的辅助教学作用。如对世界人口分布的查询,可以通过范围查询,让学生形象直观地了解世界人口分布的区域差异。另一方面是对地理数据的分析,可以分为图形数据分析和属性数据分析两种。由图形数据

查属性数据,或者由属性数据查图形数据,可以根据自己的需要进行。例如,在预先准备好数据库的 ArcGIS 9 中提取总人口数大于 3 000 万且男性人数大于 1 000 万的行政区,农村居民纯收入大于 1 000 元且城镇居民纯收入大于 2 000 元的行政区。以此类推,可以根据各种条件,提取自己需要的信息。

4. 缓冲区教学应用

缓冲区是指与某一个点(或线、面)有一定距离的空间范围。缓冲区的教学应用往往为讲授某一地理要素的属性影响范围等知识。如污染源的有害范围、集水区范围、经济辐射区域、聚落与河流的距离、古代人类耕作活动半径、洪水淹没范围等。这类知识点的教学直观性用其他教学方法难以呈现,而用 ArcGIS9 缓冲区辅助教学则事半功倍。

5. 专题地图的输出

在地理教学中,应注重要求学生运用好地图册以及其他富含地理信息的材料,这里面有相当一部分是各种各样的专题地图。我们应用 ArcGIS 9 软件中的 ArcMap 制作中国人口数量柱状图,通过各个行政区直方柱的高低,可以直观形象地看出各行政区的人口数量。

另外,还可以通过下载网络上的免费数字高程模型(DEM)数据自动生成并输出某一区域(如长江流域)的分层设色地形图,可以让学生直观地了解区域地形的特点,可以进一步统计不同海拔地区在某一区域所占比例并显示出来,从而加深对区域地形地貌的认识。

三、ArcGIS9 在中学地理教学应用中的局限性

1. 数据要求较高,普及率低

ArcGIS 9 软件处理的地理"信息"包括栅格数据和矢量数据两种格式。在中学地理教学中,处理的大多数是矢量数据。所谓矢量数据,是指具有具体坐标(x,y)的数据。这就要求在作图的过程中要有精确的地理数据,而多数精确的地理数据需要花大量的钱购买。这导致 ArcGIS 9 在一些中学,特别是在贫困山区的中学地理教学中的应用受到了一定的限制,是造成目前地理信息专业作图软件在中学地理教学上普及率低的重要原因。

2. 操作需要专业人员,大众化程度低

ArcGIS9 其实是一个集成了众多高级 GIS 应用的软件套装,包含了一套带有用户界面组件的 Windows 桌面应用,包括 ArcMap、ArcCatalog 和 ArcToolbox 三

个功能模块。要完成地图的输出，还需要用到 ArcCatalog 的数据库建立、管理（地理数据的修改和删除）等功能。另外，ArcToolbox 主要可以实现不同格式文件数据的转换。因此，无论是软件的安装，还是软件各个模块的操作使用，都需要专业的人员，且对硬件和内存的要求也较高。目前中学地理教师能熟练操作 GIS 专业作图软件的为数不多，造成软件的大众化程度低。

3. 数字化过程耗时长，使用率低

地图数字化可以通过手扶跟踪数字化和数字化仪两种方式来实现。对于中学地理来说，主要是通过手扶跟踪数字化的方法来完成地图的数字化。这个过程需要数字化员认真仔细地对地图上的所有点、线和面的地物进行描绘，不仅耗时长，也是一项艰苦的工作。对于目前中学地理教师来说，一节课的内容如果采用 ArcGIS 9 作为制图软件，即使要求数字化的要素很少，数字化的过程耗时也要一天左右。数字化完成后还需要进行空间分析、专题图的制作等，加上备课的时间，这样一节课至少要 3 天左右，工作量很大。因此，大部分中学地理教师宁愿选择其他直观性的教学方法，从而导致 ArcGIS 在中学地理教学中的使用率较低。

四、几点建议

笔者结合我国新的高中地理课程标准的基本要求，就如何在我国中学地理教学中开展 GIS 技术教育，提出如下建议：

（1）编制适合我国国情与学生特点的 GIS 教材，在教材中提供配套练习数据，并建设相关网站。

（2）研究开发针对我国中学教育的 GIS 软件。国外优秀软件 ArcGIS、MapInfo、AutoDesk GIS、GeoMedia 作为商业软件有许多优点，但在英文界面、价格方面并不太适合中学地理教育实际。国产软件 MapGIS、GeoStar、SuperMap、CityStar 也是一些优秀的商业软件，最近北京超图公司推出了 Super Editor 教学软件。希望我国的 GIS 研发公司能够尽快研制出适合中学生的、价格低廉的国产 GIS 软件。

（3）加强对中学地理教师的 GIS 培训。依靠大学，特别是一些地方师范大学的地理系和研究所，对中学地理教师进行系统性的指导和培训。

（4）开展课题性和研究性的 GIS 技术学习。利用现实问题让学生分析思考，培养逻辑思维能力、创新能力和实践能力。

五、结　论

由此可见,GIS软件的应用可以促进地理教学的发展,为中学地理教学提供现代化的教学手段。一方面能够使教学信息量大大增加,另一方面可以增强地理教学的直观性、生动性和灵活性。GIS软件在中学地理教学中的应用,为我们展示了素质教育的前景,地理知识不再是死记硬背的内容,而是生动的图像和说明。在图中直观显示的数据分析代替了繁冗的数据解释及板图的难度,让师生倍感获取知识的喜悦。但由于软件本身的一些局限性,目前GIS软件在中学地理教学中的应用还不普及。相信随着GIS软件的日趋完善,一定会受到广大中学地理教师的青睐,也会使中学地理教学迈上一个新的台阶。

专题复习切入点的选择对教学效果的影响初探

——以"气候专题"为课例①

问题缘起于我校地理组申报的省级地理课题"课堂教学行为诊断与矫正研究"。在课题研究过程中，全组内进行了常态教学录像、听课，并把视频传给每一位地理教师，让每位地理教师发现自己及他人课堂教学行为的不足并及时改正，以提高课堂教学效果。以下是两位高三教师上的有关气候的专题课部分内容。

第一位老师选题为"气候类型的内部差异"，第二位老师选题为"气候类型的复习"。

第一位老师的导语为：气候为五大自然地理要素之一，涉及气候的高考题很多，是高频考点。同样的气候类型，其内部的气候特征是不同的（举例蚌埠、昆明、重庆同为亚热带季风气候，但内部气候特征差异很大）。今天这节课就讨论气候类型的内部差异。

第一种气候类型：热带雨林气候。

出示热带雨林气候的分布图，先请学生分析热带雨林气候的分布规律、气候特点及成因；然后根据气候的分布规律，教师与学生一起在图上找到刚果盆地、东南亚地区、亚马孙平原地区；接着指出巴西的东南部、澳大利亚的东北部、马达加斯加岛的东部也是热带雨林气候，并提出问题：它们的气候是怎样形成的？经过讨论，得出是东南信风的迎风坡及暖流的影响。总结：同为热带雨林气候，但成因差异明显。

第二种气候类型：热带草原气候。

先请学生回忆热带草原气候的分布、成因，然后让学生观察图，并提出问

---

① 原文发表于《读写算》2012年第4期，第116页。

题:赤道附近的东非高原为什么是热带草原气候？分析原因:受地形影响,海拔高,对流弱。

第三种:热带季风气候。

这种气候类型主要分布在印度半岛和中南半岛,成因是冬季受从东北部南下的东北季风影响,夏季是由于东南信风越过赤道偏转成西南季风影响而形成的。但同是热带季风气候,不同地区的自然带却有不同。在世界自然带分布图上,我们看到印度半岛热带季风气候条件下,分布有热带雨林、热带草原带。夏季风从西南方向吹过来,印度半岛一些沿海山地迎风坡降水多,形成热带雨林带,背风坡和内陆高原降水少,形成热带草原带。

第四种:热带沙漠气候。

先请学生分析热带沙漠气候的分布规律、成因。引导学生读图,指出哪些地区有热带沙漠气候分布,分析得出大体分布在南北纬20°～30°大陆中部和西岸。提问:非洲的西南部、北美洲的热带沙漠气候除受副热带高气压的影响外,还有什么因素?(寒流)索马里半岛和南美洲的沙漠延伸到赤道附近,是什么原因?(洋流的影响)

第二位老师导语:气候很重要,我们要了解它的形成、分布和特征。今天我们就来学习有关气候的知识。

(1)气候有两个因素:气温、降水。

(2)影响因素有:太阳辐射、大气环流、下垫面和人类活动。

(3)太阳辐射主要影响热量,形成热带、亚热带、温带、亚寒带和寒带。

(4)大气环流主要包括三圈环流、季风环流,对降水产生影响。具体如下:

①气压带 { 赤道低气压带、副极地低气压带 } 多雨；{ 副热带高气压带、极地高气压带 } 少雨

②季风:冬季少雨,夏季多雨。

③亚热带地区:大陆东部为亚热带季风气候,西部为地中海气候,这是由于大气环流体系不同。

(5)下垫面因素:海陆位置(比较海边城市和内陆城市的降水差异和气温年较差)。

(6)地形变化:不同海拔气温在变化,地形会影响降水。

（7）洋流：寒、暖流对气候的影响。

（8）人类活动对气候的影响：破坏植被，气候恶化；排放二氧化碳，全球变暖。

在这些因素的影响下，形成了不同的气候类型。下面我们来作简单介绍，首先看单一气压带影响下形成的气候类型。

热带雨林气候：由单一的赤道低气压带控制（出示气候类型柱状图、景观图、气候类型分布图），在马达加斯加岛的东部、澳大利亚的东北部、巴西的东南部也有分布。

热带沙漠气候：常年受副热带高气压带控制，盛行下沉气流，终年降水少；主要分布在回归线到南北纬30°的大陆西岸和中部地区。

两位教师的课堂都很安静，学生认真听讲，积极记笔记，但对于教学目标的实现过程，笔者感觉还是有差别的，教学效果是不一样的。具体从以下几个方面浅析。

1. 选题的切入点

第一位教师选题为"气候类型的内部差异"，当课题通过屏幕展开时，学生立刻有点异常，选题引起了学生的注意。第二位教师选题为"气候类型的复习"，题目出现时，学生非常平静。从心理学角度来讲，适当的变化会引起他人的注意。引起了学生的注意，在之后的教学中才能有较好的效果。高三专题复习课的主要目标是：重组知识、完善体系、总结规律、提炼方法，使学生明确考点、难点、易错点。选题不同意味着对知识重组的思路不同，选取适当的切入点有利于激发学生的思维，在学生主动参与的教学中，教学效果也会不断提高。

2. 导语的切入点

课堂导语是一节课中教师与学生交流的开始。好的教学导语不仅能先声夺人，磁石般吸引住学生，还能有效地消除其他课程的延续思维，为新课的展开预设良好的教学气氛，开启学生的心理通道，给教学定下成功的基调。回顾第一位教师的导语，交待了气候内容的性质及重要性，同时利用大家熟悉的三个地区交待了本节课要讲的内容，较好地起到了导入导控性、指向性的作用。第二位教师在导语中直接介绍了本节课学生要掌握的基本知识，起到了导语的具体性作用。导语的切入点不同，引发学生知识联想和迁移的效果就不一样。

3. 提问的切入点

课堂提问是教师在教学过程中创设问题情境，引起学生积极思考的一种方式。课堂提问的类型可分为低级认知提问(包括回忆性提问、理解性提问、运用性提问)和高级认知提问(分析性提问、综合性提问、评价性提问)。第一位教师上课时,首先采取回忆性提问的方式,让学生回忆热带雨林气候的分布、成因及气候特点;然后运用分析性提问的方式,分析非地带性热带雨林气候的形成。第二位教师在上课时采取的是回忆性提问。课堂提问问什么,怎么问,可根据课标要求学生达到的能力要求,从低级认知提问入手,不断上升到高级认知提问,从而起到激发学生兴趣的作用,使教学效果大大提高。

　　高三复习时间紧、任务重,要达到最佳的教学效果,教师的课堂行为有很大的研究和发展空间。

翻转课堂基础下的课堂教学的有效性分析
——以"水资源的时空分布"为例①

王淑娴

（安徽省蚌埠市第九中学）

一、什么是翻转课堂

现在普遍认为的翻转课堂，是指教师创建教学视频，学生在家中或课外观看视频中的教师讲解，之后回到课堂上师生面对面交流和完成作业的一种教学形态。

二、如何开展翻转课堂

1. 设置课前任务单

每一个真正尝试过翻转课堂设计的教师，都深刻地认识到课前任务单的重要性。面对一个新的章节，学生往往毫无头绪，不知道重、难点在哪，不知道预期目标是什么，显得很盲目；在观看课前的微课视频时，也完全不知道要看什么，怎么看。课前任务单的制定可以使学生的学习目的明确，学习目标清晰，也使他们的思维处于"快速反应"之中。这样学生在观看微课时，可以做到有目的地学习、掌握、理解、分析、应用，避免了学习的盲目性。

任务单必须在微课学习前发给学生，学生拿到任务单开始微课学习。在观看视频时，可以反复观看重、难点，完成任务单中的要求。任务单的设计需要有一定的梯度，不仅要有对知识的简单重复和总结，也要设置一些有难度、需要认真思考或者查找资料才能完成的任务。这样不仅可以巩固、充实知识，也可以加深对教材内容的理解。学生在完成课前任务单时，遇到难以解决的问题可以做好标记，以便在翻转课堂时与同学交流或向老师请教。

---

① 原文荣获2015年蚌埠市中学地理优秀教学论文评选一等奖。

以八年级上册第三章第三节"水资源"第一课时为例,课程标准要求:运用资料说出我国水资源时空分布的特点及其对于社会经济发展的影响。在录制微课前,设置的课前任务单如下:

(1)总结我国水资源的分布特点。

(2)总结水资源时空分布不均对农业、工业、生活的影响。

(3)思考我国东南沿海、华北地区、西北地区、西藏地区及省会合肥的水资源利用状况。思考这些地区的水资源是否短缺,为什么短缺,如果短缺该怎么办?

课前任务单有3题,每题5分。全班30人,分为5组,将每位同学的各题得分相加求平均值计算各组得分。得分情况如图1所示。第1题最简单,学生通过观看视频就能直接归纳总结特点,各组学生得分都较高。第2题、第3题具有一定的综合性,需要学生结合以前学习的区域知识来综合分析。我们只给了学生40分钟的时间完成课前任务单和观看微课视频,时间较紧,因此有的组第2题完成得好,第3题就没有时间做了,例如第2组。有的组则把精力放在第3题,第2题得分情况就较差,例如第1组和第5组。第3组和第4组的同学则各题完成情况都较好,他们做课前任务单时,特别注意小组成员间的交流与协作。

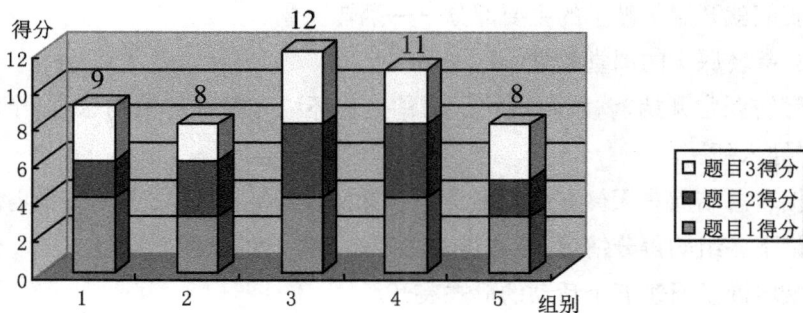

图1　各小组课前检测得分情况

2. 创建教学视频

根据中小学生的认知特点和学习规律,教学视频的时长一般为5到8分钟,最长不宜超过10分钟。因此,相对于传统的40或45分钟一节课的教学课例来说,可以称之为"课例片段"或"微课"。

以八年级上册第三章第三节"水资源"第一课时为例,设计的微课时长为8分01秒。在微课开始前,先向学生讲清楚学习目标:

(1)了解什么是水资源。

(2)运用资料说出我国水资源的时空分布特点。

首先讲解什么是水资源。我们通常所说的水资源是指陆地上的淡水资源。地球上的水,97%是海洋水,而人类所需的淡水资源,仅占全球水量的2.5%。地球上的淡水,有大气水、冰川水、生物水、河流水、湖泊水、沼泽水、地下水等,但目前人类直接利用的淡水资源主要是河流水、淡水湖泊水和浅层地下水,它们的储量仅占全球淡水总量的0.3%。

水是人类生产生活必不可少的资源,水有什么用途呢? 我们在生活、航运、灌溉、养殖、工业中都离不开水资源。

接着通过《我国年降水量分布图》《我国水资源的分布图》《四个城市各月降水柱状图》和《北京1950—2010年降水量的变化图》的阅读,来讲解我国水资源的分布特点。在讲解水资源分布特点的同时,向学生介绍阅读各种地理图表的方法,这不仅介绍了知识也做了一定的学法引导。在讲授特点的同时,以农业生产为例,简介水资源分布不均对农业的影响,为翻转课堂中介绍对工业、生活的影响做铺垫。

在学完微课,做完课前任务单后,我们给学生留了一天的时间自主学习。然后我们就开始了教学的主要部分——翻转课堂。

3. 翻转课堂的课堂教学

翻转课堂开始前,教师展示了两种生长环境有差别的植物(风信子和仙人掌)来导入新课。

接着总结前一天微课的学习情况和课前任务单的完成情况,并请各小组记分员记下各组的得分情况,分数将和当天翻转课堂的分数累计。

翻转课堂通过五个活动的形式展开。

(1)头脑风暴——水的用途。

(各小组有2分钟时间填写题卡,推选1名代表上台展示。)

(2)对号入座:在我国主要河流分布图上粘贴部分河流流量曲线图,总结我国水资源分布的特点。

(每组推选一位代表上台展示,回答教师提问,并抢答我国水资源分布的特点。)

(3)各抒己见:水资源时空分布对农业、工业、生活的影响。

(轮流回答题,每队每次只能回答一个要点。)

（4）集思广益：查找资料，看一看下列地区（东南沿海、西北地区、华北地区、西藏地区、省会合肥）水资源是否缺乏？想一想，如果水资源缺乏该怎么办？

（每组有1分钟的时间进行答前准备，每组一个代表回答）

（5）Show time：科普达人SHOW，设计节水标志或者宣传口号。

活动总结：分数汇总，表扬优胜组。

最后完成教师带来的水资源知识树（图2），把"果实"放在合适的位置，总结本课的知识。

图2　水资源知识树

三、翻转课堂对地理有效性教学的启示

1. 翻转课堂让教师真正了解了学生在课前、课中和课后的表现

课前在组织学生观看微课视频和完成课前任务单时，可以深入了解学生对知识的掌握程度和有困难的知识点，以便更好、更准确地组织翻转课堂的教学。

在组织学生观看《水资源》的微课视频和完成课前任务单时，发现学生对于水资源分布特点这一问题归纳得很好，只有个别组没有写出水资源的年际变化。所以在翻转课堂时，就没有单独对课标要求的"运用资料说出我国水资源的时空分布特点"这一问题做过多阐述，而把重点放在我国水资源的时空分布对社会经济发展的影响方面。通过活动1和活动3，并采用轮流回答的方式，让学生能更完整地总结影响，从而达成这一学习目标。

由于有了课前的微课学习和任务单的提示，学生在活动中表现得非常积极，而且准备得十分充分，但由于课堂时间有限，没有让他们充分展开。在课堂活动中也出现了一些问题,例如,学生不会阅读河流流量曲线图,因此这个活动各组的得分都很低。所以在课堂中笔者又专门向学生介绍了怎样阅读河流流量曲线图的方法,在介绍完方法后,再让学生来改正拼图,效果就非常理想了。

课后,学生通过QQ和其他方式,与教师进行了交流讨论,进一步地达成了学习目标。

2. 翻转课堂能帮助建立更好的师生关系和生生关系

翻转课堂让教师花更多的时间与学生在一起,因此能够更好地了解学生,更清楚地知道谁学习有困难,谁能迅速掌握学习内容并可从一些额外的挑战性工作中受益。教师可与学生进行一对一的交流,也可以把有相同疑惑的学生聚集在一起给予辅导。教师与学生的互动变多了,关系也就更亲近了。

学生之间的互动也比以前更多了。学生们发展了自己的合作小组,互相帮助学习,而不是依靠教师作为唯一的知识传播者。学生们不再将学习当作完成任务,而是当作一件自我需求且有意义的活动。学生之间的交流变多了,关系也更近了。

3. 翻转课堂也可以帮助学习有困难的学生

学习最好、最聪明和反应最快的学生在传统课堂教学方式中往往最受教师关注,因为他们在课堂上积极举手响应或提出很棒的问题。而学困生和反应较慢的学生则是被动的听,甚至跟不上教师讲解的进度。翻转课堂的引入改变了这一切。在观看视频时,学生们能够暂停、回放、重播,直到听懂为止。在课下也有更多的时间思考,还可以通过查找资料的方式解决自己的困惑,可以通过QQ和电子邮件的方式,和教师交流讨论,解决学习中遇到的困难。在翻转课堂上,学生活动的时间较多,教师的时间被释放,这样就可以辅导每一位有需求的学生,这对学困生的学习能力提高很有帮助。

综上所述,翻转课堂可以作为我们现行教学方式的一种有益补充。我们可以利用课堂翻转来实现"边缘生""尖子生"的成绩提升,也可以利用课堂翻转来实现对"学困生"的抓差补缺。但翻转课堂的实践应遵循循序渐进、具体问题具体分析的原则,我们要不断调整翻转课堂的授课方式,逐步提升学生的自主管理能力和自主学习能力,让翻转课堂能更好、更快地提高教学的有效性。

第三篇 DI SAN PIAN

地理高考研究

2014年高考新课标卷地理试题评析①

吴岱峰　陈灿红　赵东宇　李方平　邵同洋　朱新艳
（蚌埠市吴岱峰名师工作室）

高考是高利害性考试。每年高考结束后,高考试题的变化、探索往往都会引起教育界、学术界和社会的普遍关注。高考试题是命题专家智慧的结晶,试题的背后是命题专家对试题所涉及学科理论、中学教学和教育测量理论的理解与把握,从这层意义上说,一套高考地理试题就是一部学术作品。在目前的教育考试条件下,不能苛求其尽善。事实上,每年的高考试题有它的精彩,也有它的无奈。

对于试题评价,教育部考试中心李光明说:"目前对试题的评价缺少学科化的试题质量评价标准……难以客观、深入地评价高考试题……"以学科课程标准为评价基本出发点的试题分析范式尚未形成,试题评价仍多以主观性评价为主,具有明显的经验成分。显然,考试评价需要从经验走向科学。

教育部考试中心张亚南在谈到"好题"的一般标准时说,"好题"首先要"符合考试的目的"。所谓"好题""差题"是相对的,没有绝对的标准,但是,无论如何,"好题"是我们追求的方向。

高考试题作为重要的教育资源,也是教育研究的对象。本文从2014年教育部考试中心及自主命题省份的高考试卷中,选取部分"值得肯定的试题"和"值得商榷的试题",进行评价。考虑到覆盖面,本文所选试题涵盖10套全国各地的高考试卷。事实上,命题专家对高考试题有很多不为我们所知的考虑,这里的讨论更多是基于对教育教学和考试命题的粗浅思考,难免有失偏颇,期待交流、指正。

---

① 原文发表于《新课程教学》2014年第4期,第37–46页。

一、值得肯定的试题

例题1：(北京卷第6、7题)图4示意某河谷断面经历的一次洪水过程。读图，回答第6、7题。

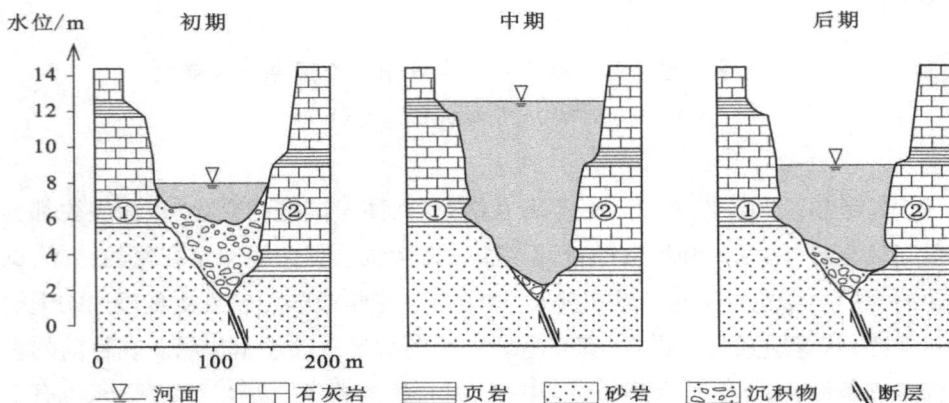

图4　某河谷断面经历的一次洪水过程

6. 该河谷(　　　)

A. 岩层①比岩层②形成年代早　　B. 岩层②比岩层①易受侵蚀

C. 是断层上发育形成的向斜谷　　D. 呈"V"型,适宜修建水库

7. 本次洪水(　　　)

A. 水位上升时,河流搬运作用减弱

B. 水位下降时,河流含沙量增加

C. 流量增大时,河流堆积作用增强

D. 河流侵蚀作用使河床加宽变深

【答案】6. A　7. D

【点评】试题情境新颖,落实课程标准,注重地理过程的考查。

本组试题取材新颖,以一组某河谷断面图建构了一个静态与动态相结合的试题情境,考查了"结合实例,分析造成地表形态变化的内、外力因素"等课程标准,要求考生获取图像中的有效信息,并根据设置的不同选项,调动相关知识,分析不同地理要素,如探讨岩层沉积顺序、断层与岩层的关系、水库修建与地质构造、河流地貌等,考查考生对地理事物发生过程的认知。试题的地理思维含量高,较好地测试了考生的地理思维品质,实现了试题的考核目标。

试题突出考查考生获取和解读地理信息的能力。要求考生能够准确提取三个断面图中岩层的埋藏顺序、岩层的凸凹、河床的剖面形态等信息,并能够快速、准确建立它们与岩层形成的早晚、不同岩层被侵蚀程度、修建水库的地质要求等的联系。结合图形中断层、①②岩层的位置关系,可判断岩层①比岩层②埋藏深,形成早;结合图形中岩层②与岩层①凸凹程度差异的信息,可推知岩层②岩性坚硬,不易受侵蚀,岩层①岩性较软,易被侵蚀;结合图形中岩层的水平分布,并有断层发育,可判断当地不属于向斜谷,不宜修建水库。

试题从动态的视角,考查考生调动和运用地理知识的能力。考生需将初期、中期和后期三幅图相结合,调动已有的知识储备,以动态的视角,比较图形中相关信息的差异,分析这次洪水过程。从初期到中期,河流水位上升,河床沉积物数量减少,可推知该时段河流流量大,搬运作用增强;从中期到后期,河流流量变小,搬运作用减弱,泥沙含量减少,河流侵蚀作用使河床不断加宽,变深。

本组试题动静结合,体现了命题者不仅注重考查分析静态地理事物的能力,同时也注重考查分析动态地理事物的能力。试题揭示了地理事物在演变过程中地理要素之间的相互联系和相互作用,展示了不同的命题视角,令人耳目一新。

例题2:(安徽卷第34题)根据材料和图12,结合所学知识,回答下列问题。

很多中药材生长习性独特,有的喜阴,有的喜光,有的喜湿,有的耐寒,有的耐旱,有的耐盐碱……。甘肃省地理位置独特,是全国中药材资源大省,素有"天然药库""千年药乡"之称。近年来,依托中药材,甘肃省制

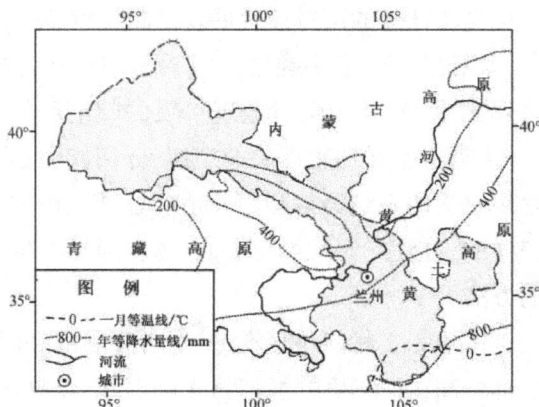

图12

药、药膳食品、日化用品等工业蓬勃发展。

（1）简述甘肃省地理位置的特点。（8分）

（2）分析甘肃省种植中药材的区位优势。（12分）

（3）说明依托中药材发展工业对甘肃省的积极影响。（12分）

【参考答案】34.（1）大致位于32°N～43°N，92°E～109°E，地处亚热带到中温带的过渡带；深居内陆，地处湿润区到干旱区的过渡带；地处青藏高原、黄土高原、内蒙古高原的接合部，东部季风区、西北干旱半干旱区和青藏高寒区三大自然区交会处；地处西北地区重要的交通和经济走廊（"丝绸之路""欧亚大陆桥"要道），毗邻新疆、青海、四川、陕西、宁夏、内蒙古并与蒙古国接壤，蒙、维、藏、回等少数民族聚居区结合部。（2）自然地理环境具有过渡性、多样性的特点，适合多种中药材生长，中药材资源丰富；种植历史悠久，经验丰富；劳动力充足；产品质量好，中药材用途广大，市场需求增加；地处西北交通要道；中药材加工技术进步；政府政策引导，推动中药材种植。（3）有利于因地制宜，充分发挥自然资源潜力，促进中药材专业化种植，调整种植业结构，改善生态环境；有利于延长产业链条，增加中药材附加值，带动贸易、物流、科技服务等第三产业的发展，优化产业结构，提高经济效益；有利于增加就业机会，提高收入水平，实现脱贫致富，弘扬传统医药文化，促进社会可持续发展。

【点评】试题设计基于考生实际，平实之中意味深远。

试题以区域图为背景，将区域图与气候要素等值线结合，图像与文字材料结合，素材常规但又不落俗套。设问体现地理思维的层次性，层层递进，落点于区域经济社会的可持续发展。试题立意于平实之中，但意味深远。

在设计上，各小题之间联系紧密却又具有适当的梯度。第（1）小题从地理位置入手，考查考生对地理事项的归纳和描述能力；第（2）小题从区位条件入手，考查考生对地理现象的理解、分析能力；第（3）小题从影响入手，考查考生对地理意义的归纳概括能力。地理思维过程按照"在哪里→发展条件如何→产生怎样的积极影响"的思路展开，意在引导考生关注学科本质，掌握地理分析问题的方法。

试题图文材料信息充分，对考生获取和解读地理显性信息和隐性信息的要求都较高，如图像中的一月0℃等温线、年降水量线等信息提示甘肃所处的热量带、干湿地区；"黄土高原、青藏高原、内蒙古高原"等与文字材料中的"甘肃省地理位置独特"相呼应,为考生解题提供线索;文字材料中"很多中药材生长习性独特,有的喜阴……"提示中药材种类繁多;文字材料中"甘肃省地理位置独特,是全国中药材资源大省",引导考生思考甘肃自然地理环境多样性、过渡性特点,以及在这样的地理环境下,甘肃适多种中药材生长,中药材资源丰富;"依托中药材,甘肃省制药、药膳食品、日化用品等工业蓬勃发展",提示甘肃省发展了中药材深加工工业,通过延长产业链,提高产品的附加值,增加就业机会,提高经济收入。"蓬勃"一词,给考生明确的提示,当地以中药材种植、加工为主的经济呈现出良性、持续发展的态势。

试题设计基于考生实际,基于高考选拔对难度控制的要求,难度适中,三个设问的难度有梯度,利于考生入题。试题对考生的知识迁移能力要求高,解题过程不是简单的知识再现,而是基于试题情境的有机整合。此外,试题对考生地理基础知识和语言表达能力要求较高,图文材料与参考答案相得益彰,提升了考核的效果。

例题3:(全国Ⅰ卷第4~6题)20世纪50年代,在外国专家的指导下,我国修建了兰新铁路。兰新铁路在新疆吐鲁番附近的线路如图2所示。读图2,完成4~6题。

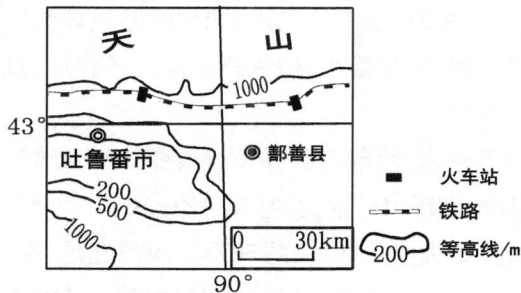

图2 兰新铁路线路(新疆吐鲁番附近)

4. 推测外国专家在图示区域铁路选线时考虑的主导因素是(　　)

A. 河流　　　　B. 聚落　　　　C. 耕地　　　　D. 地形

5. 后来,我国专家认为,兰新铁路在该区域的选线不合理,理由可能是(　　)

A. 线路过长　　B. 距城镇过远　　C. 易受洪水威胁　D. 工程量过大

6.50多年来,兰新铁路并没有改变该区域城镇的分布,是因为该区域的城镇分布受控于( )

A.地形分布　　　B.绿洲分布　　　C.河流分布　　　D.沙漠分布

【答案】4.D　5.B　6.B

【点评】试题平实,考查主干知识,地理特色鲜明。

本组试题取材现实生活,以我国西北局部区域图为载体,以铁路线建设为背景,将自然地理要素与人文地理现象相结合,考查学科主干知识,包括交通线建设和城镇分布的区位因素等,地理特色鲜明。试题结构清晰,语言简洁、平实,考生容易上手,很接地气。

试题强调考查考生获取、解读地理信息的能力。考生需要充分阅读图像,分析河流、聚落、耕地、地形等地理要素的有无,以及它们与铁路选线之间的关系。根据图中天山南麓河流欠发育、铁路线没有经过城镇的信息,调动已有的知识储备,如新疆气候干旱,人口、聚落、耕地主要分布在绿洲上,山区修建铁路的选线要求(大体沿等高线分布)等,通过比较分析,判断地形是当年外国专家在图示区域铁路选线时考虑的主导因素。

铁路选线受多种地理因素的影响和制约,需要考生综合分析当地的地理环境特点。新疆气候干旱,很少发生洪水;图中铁路线较为平直,沿等高线修建,地形起伏小,线路较短,工程量小;但铁路距离城镇较远,难以充分带动附近地区的经济发展。

试题给出"50多年来,兰新铁路并没有改变该区域城镇的分布",测试考生运用所学知识阐释地理现象的能力,意在考查影响城镇分布的因素。制约新疆地区生产、生活的重要因素是水源,绿洲不仅水源充足,而且地形平坦,易于耕作。该地缺少河流,地形、沙漠、铁路分布对城镇分布有影响,但均不是主导因素。

例题4:(四川卷第11~12题)降雨量指一定时间内的降雨平铺在地面的水层深度;一定时间内的河流径流总量平铺在流域地面的水层深度叫径流深度。图5是我国某地气温、降雨量和所在流域径流深度统计图。读图回答11~12题。

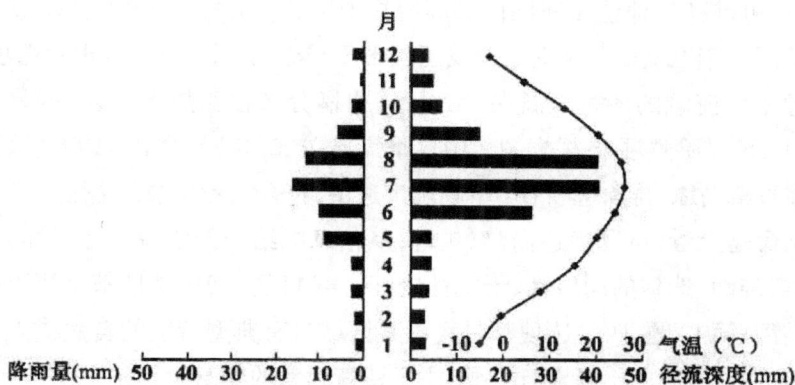

图5　我国某地气温、降雨量和所在流域径流深度统计

11. 该流域河流夏季补给来源主要是雨水和（　　）

A. 湖泊水　　　　B. 地下水　　　　C. 冰雪融水　　　　D. 沼泽水

12. 能反映该流域地域特征的地理现象是（　　）

A. 地表风沙少　　B. 山麓青青草　　C. 树上柑橘红　　D. 草场牦牛跑

【答案】11. C　12. B

【点评】试题设计轻巧，考查地理要素之间的联系，彰显地理能力立意。

本组试题设计轻巧，给出"降雨量"和"径流深度"的概念，将流域内气候统计资料与河流的径流深度组合成复合坐标图，情境新颖，要求考生读取气温和降水数据，分析气温、降雨和河流补给之间的关系，并在此基础上进行判断推理。试题从图像各要素关系的分析到流域地域特征的判断，考查内容全面，地理思维含量高，对考生的地理思维能力提出了更高的要求。

从考查内容上看，试题地理特色鲜明。考查了气候、河流径流的补给类型、河流径流的季节变化、中国地理区域分区等内容。知识点多，覆盖面广，综合性强。地理学的区域性和综合性在本题中均有较好体现。

从考试目标上看，试题体现能力立意。本组试题考查考生获取和解读地理信息，调动和运用地理知识，推测和判断地理问题等能力。第11题，据图，该流域夏季径流深度明显大于夏季降雨量，而在其他季节径流深度和降雨量的变化较为平稳。从河流补给来看，地下水补给稳定，全年变化小；湖泊水、沼泽水主要是调节径流的季节变化。根据图中1月气温在0℃以下，夏季气温高，全年降雨量少,可推断该地位于我国西部高海拔地区,高山冰雪融水在夏季成为河流的补给源。第12题,由这里地处我国西部干旱地区,多风沙,可排除选项A;根据图像中该流域的冬季气温在0℃以下,柑橘分布在亚热带地区,冬季气温在0℃以上,可排除选项C;根据图像中夏季气温在20℃以上的信息,判断该流域不可能在青藏高原,排除选项D。本题难度适中,符合高考选拔的需要。

从命题上看,试题表述简洁、规范,从信息的给予到图像设计,设问指向明确,语言准确,选项的同质性、干扰性较好。第11题,四个选项都是河流径流的补给类型;第12题,四个选项都是我国某区域具有典型特征的自然或人文地理现象,它们在题中的出现,给试题增添了诗情画意的美感。

例题5:(山东卷第11~12题)图5(a)为某班一次地理野外实习的观测点分布图,①~④为观测点编号。图5(b)为该班某小组在其中一个观测点所做的记录卡片。完成11~12题。

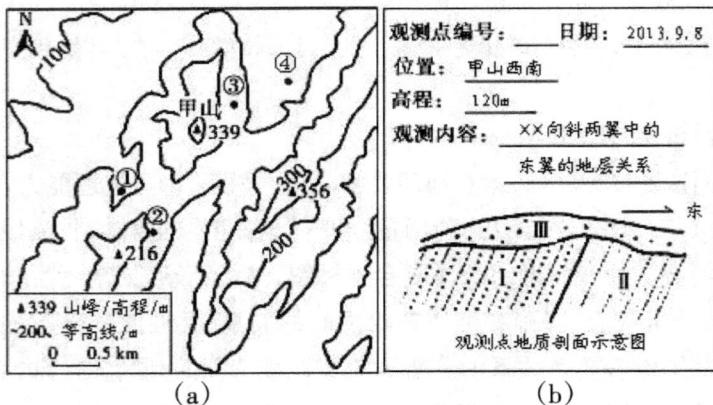

(a)   (b)

图5 地理野外实习的观测点分布

11. 根据图5(b)中记录的信息判断,卡片中"观测点编号"应为图5(a)中的(   )

A. ①   B. ②   C. ③   D. ④

12. 图5(b)中地质剖面示意图所示沉积岩层由老到新的顺序是(   )

A. Ⅰ、Ⅱ、Ⅲ   B. Ⅱ、Ⅰ、Ⅲ   C. Ⅲ、Ⅰ、Ⅱ   D. Ⅲ、Ⅱ、Ⅰ

【答案】11. B   12. B

【点评】试题情境新颖,考查精准,重在地理信息的整合和运用。

　　本组试题考查了在等高线地形图上识别山峰、山脊、山谷,判读坡的陡缓,估算海拔与相对高度以及"运用示意图说明地壳内部物质循环过程"等课程标准。试题设计新颖,以一次野外实习观测点分布图(等高线地形图)和观测点记录卡一组材料为载体,特别是观测点地质剖面图的设计,使情境充满新意。材料图文简洁,提供的信息充分有效。设问精准,重在考查地理信息的整合和运用。

　　图(b)给出的"向斜东翼地质剖面图"是一幅向斜构造的局部图,要求考生在充分读取地形图和地质构造的基础上,整合信息,推测出向斜构造的整体。根据记录卡片信息结合图(a),观测点②位于甲山以南,高度在100~200米,位于向斜东翼。再根据岩层的埋藏顺序判断出岩层的新老关系,岩层Ⅲ为向斜构造的上覆岩层,年龄最新,岩层Ⅰ相对于岩层Ⅱ更接近于向斜中心,年龄较岩层Ⅱ新。试题考查精准,重在地理信息的整合和运用,较好地甄别了考生的地理空间想象能力和地理判断推理能力。

　　命题依据课程标准,立足知识主干,注重对基础知识的考查,要求考生重视地理基本原理、基本规律,强调基本技能的灵活运用。新颖的试题情境,培养了考生的探究意识,体现了地理课程理念。试题浓郁的"地理味",对一线地理教学产生了积极的导向。

　　例题6:[福建卷第37题第(3)、(4)小题]图13示意我国某省地理环境。阅读图文材料回答问题。

材料一　在21世纪海洋经济、网络经济背景下,打造具有特色的现代产业体系,对沿海区域经济发展意义重大。

材料二　都市农业位于城市内部和周边地区,是农业、科教、观光相结合,生态、经济、社会协调发展的现代农业。近年来,该省北部涌现出许多都市农业园区。

(3)从社会经济角度,分析该省北部形成都市农业园区的主要原因。

(4)近年来在P地区形成"淘宝村",主要利用进口木材加工木制品,并通过"淘宝网点"进行销售。人们对这种经济发展方式是否有利于区域可持续发展产生了争论,选择你支持的一种观点,并为其提供论据。

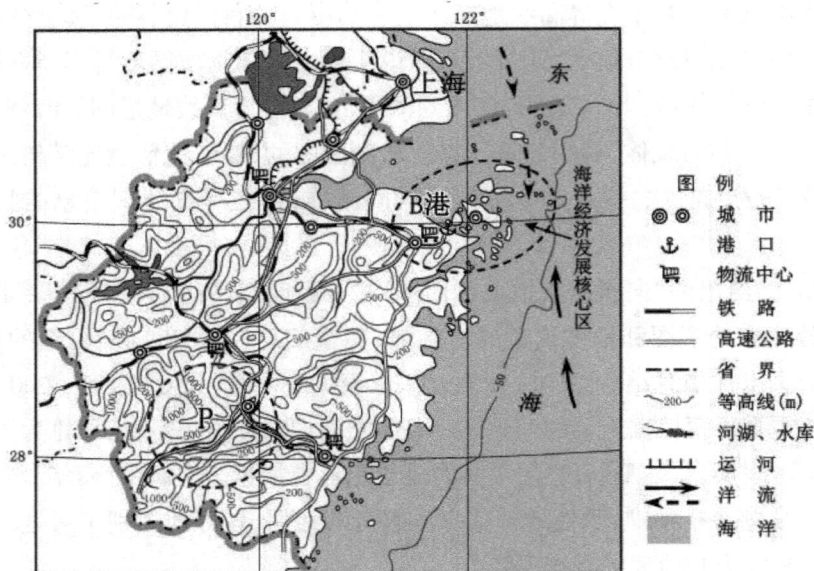

图13　某省地理环境

观点A:有利于区域可持续发展。

观点B:不利于区域可持续发展。

【参考答案】(3)城市、人口密集,市场需求大;经济发达,资金、科技力量雄厚;基础设施完善,交通和物流业发达;国家重视,政策大力扶持;地价高,宜发展综合效益高的农业。(4)观点A:有利。论据:增加就业机会,提高经济收入;快速扩大木制品销售和服务范围;促进交通、物流业的发展;带动相关企业的转型与升级,推进工业化、城镇化;有利于森林资源的保护,缓解生态环境压力。观点B:不利。论据:易对传统商业造成冲击;产业、人口集聚,加大基础设施压力;山区人才、技术力量薄弱,竞争力较低;造成农业劳动力的流失;导致森林破坏、水土流失等环境问题。

【点评】试题取材贴近生活,设计上体现开放性。

试题考查了"分析农业区位因素,举例说明主要农业地域类型特点及其形成条件"和"以某区域为例,分析该区域能源和矿产资源的合理开发与区域可持续发展的关系"等课程标准。本题以浙江省区域图为背景,联系都市农业、"淘宝网点"等经济现象,考查形成都市农业园区的主要原因,洋溢着生活气息,体现了试题的时代性;要求考生对于利用进口木材加工木制品,并通过"淘宝网点"销售的这种经济发展方式是否有利于区域可持续发展的不同观点提供论据,体现了试题的开放性。试题命题立意高,生动考查了考生地理思维品质,落点于区域可持续发展。

区位理论是高中地理的主干知识之一,试题考查了考生对区位因素选择的理解。第(3)题"从社会经济角度,分析该省北部形成都市农业园区的主要原因",属对农业区位理论的考查,要求考生能够灵活地调动和运用地理知识,结合都市农业的特点进行分析。试题要求从社会经济角度分析,这对考生回答方向给予了明确要求,考生可以从材料二"都市农业位于城市内部和周边地区,是农业、科教、观光相结合,生态、经济、社会协调发展的现代农业"中提取有效信息,从市场、科技、基础设施、政策、地价等方面分析。

试题落点于区域可持续发展。如第(4)题,试题设计既具地理特色,又关注网络经济,联系时代生活。在考核目标上,注重考查考生论证和探讨地理问题的能力,培养考生的批判性思维,体现"培养未来公民必备的地理素养"的理念。

本题注重考查考生的地理学科学习能力和地理学科应用能力,要求考生运用所学知识分析、探讨、解决问题,体现"能力立意"。同时,要求考生结合当地实际进行描述和阐释,对考生的知识归纳能力和语言组织能力要求很高。

例题7:(江苏卷第1~2题)《桃花源记》中描述:"缘溪行,忘路之远近。忽逢桃花林,……林尽水源,便得一山,山有小口,仿佛若有光。便舍船,从口入。初极狭,才通人。复行数十步,豁然开朗。土地平旷,屋舍俨然,有良田美池桑竹之属。"据此回答1~2题。

1."桃花源"的地形最可能是(　　　　)

A.山间峡谷　　　B.山前平原　　　C.山间盆地　　　D.平缓高原

2."桃花源"环境与下列因素紧密相关的是(　　　　)

A.地理位置　　　B.灌溉系统　　　C.农业科技　　　D.水力资源

【答案】1. C　2. A

【点评】试题取材独特,人文气息浓郁,注重地理综合分析。

本组试题以陶渊明《桃花源记》创设情境,取材独特,构思巧妙。以地理的视角诠释名篇佳作,让人耳目一新,体现了"学习对生活有用的地理"的课程理念,要求考生地理基础扎实,掌握知识全面。

试题注重考查获取和解读地理信息的能力。要求考生从游记中准确提取地理信息,通过判断推理,还原文中描述的地理环境,由"缘溪行","林尽水源,便得一山,山有小口","初极狭,才通人","复行数十步,豁然开朗","土地平旷"着手,在此基础上调动和运用所学地理知识分析,推知这里的地形最可能是山间盆地。

试题对考生地理思维能力的测试循序渐进,具有一定的梯度。形成一个区域地理环境的因素是复杂多样的,但地理位置无疑是最重要,也是最基础的因素。试题通过"土地平旷,屋舍俨然,有良田美池桑竹之属",设计干扰选项,从不同角度引导考生分析判断与"桃花源"环境形成密切相关的地理因素。

二、值得商榷的试题

例题1:(广东卷第1、2题)1. 图1为某年许昌与周边部分城市的高速公路日均流量图,根据流量大小分为五个等级。下列城市与许昌之间的高速公路日均流量处于同一等级的是(　　　)

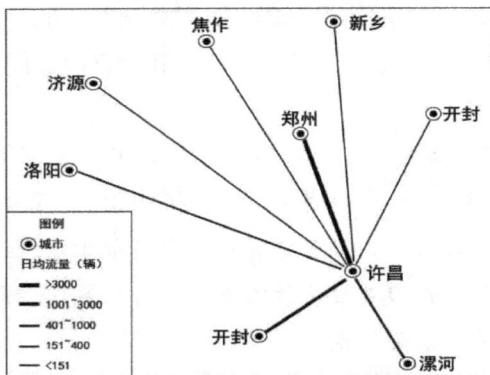

图1　某年许昌与周边部分城市的高速公路日均流量

A.平顶山和新乡　B.焦作和漯河　　C.济源和开封　　D.郑州和洛阳

2.近年来,我国南方沿海出现"填海造房风",所建"海景房"将吸引居民居住在海岸线附近。"海景房"面临的灾害风险最小的是(　　　)

A.台风引发海啸　　　　　　　B.寒潮造成冰冻

C.海岸受侵蚀后退　　　　　　D.地表下沉塌陷

【答案】1. C　2. B

【点评】试题立意一般,信息过于简单,地理思维含量低。

高考试题以能力立意,具体体现在试题地理思维含量的高低和地理思维过程的复杂程度。这两道试题立意一般,信息呈现过于简单,第1题情境创设的地理性、第2题选项设置的干扰性存在问题,考查的地理思维含量低,影响试题的质量。

第1题意在考查考生的读图能力。考生通过图例可得出线条的粗细程度代表流量的不同,解答试题几乎不需要思考,找到两个城市到许昌的线条粗细程度一样即可,测试缺乏地理思维含量,同时,考查内容也没有准确落在相关的课程标准上。

一般而言,选择题选项的设置应具有同质性和较强的干扰性,这是选择题命题的基本要求。第2题选项的同质性一般,干扰性差,试题的区分度低。选项A、C都是海边容易出现的灾害,选项B是北方地区容易出现的灾害,考生很容易得出答案。高考是选拔性考试,试题的区分度低,影响试题筛选功能的实现。

例题2:(全国Ⅱ卷第1~2题)珠江三角洲某中心城市周边的农民竞相在自家的宅基地建起了"握手楼"(图1)。据此完成1~2题。

图1　"握手楼"

1. 农民建"握手楼"的直接目的是(　　)

A. 吸引外来人口定居　　　　B. 吸引城市周末度假

C. 增加自住房面积　　　　　D. 出租房屋增加收入

2. "握手楼"的修建反映该中心城市(　　)

　　A.居住人口减少　　　　　　B.城市房价昂贵

　　C.人居环境恶化　　　　　　D.城区不断扩大

【答案】1. D　2. B

【点评】试题信息提供不够充分,选项设置牵强,地理思维含量低。

　　本组试题取材贴近现实生活,以"握手楼"景观图创设情境,揭示珠江三角洲中心城市周边农民在原有宅基地建楼房的现象。但本组试题有值得商榷之处。

　　第一,从图中可以看出"握手楼"拥挤、采光差,缺少规划。结合文字信息,不难推断出农民这样做是为了经济利益。从第1题的选项设置看,如何能够判断建"握手楼"直接目的是为了"出租房屋增加收入"? 试题中没有相应数据或信息与此有关联,所提供的信息与"出租房屋增加收入"也没有必然的联系。

　　第二,从立意上看,试题意在考查生活中的地理,但选项设置与地理关联不紧密,地理思维含量低。首先,实际上我国大城市周围农民盖起楼房以后,底部楼层多是出租或自己经营,高层出租或售卖,用于回笼资金。中心城市周边的"握手楼"现象与当地政府缺少规划和管理有直接的关系。中心城市房价昂贵,城市周边房价低,不排除有外来人口来这里租房、买房。其次,随着我国城市化的推进,可以推断出城市城区将不断扩大,图中的楼房超过八层,也从某种意义上验证了城市城区有不断扩大的可能。

　　第三,本题信息提供不够充分,考查对应的课程标准不明确,地理性不够,难以有效甄别考生的地理学科能力。

　　例题3:(全国Ⅰ卷第10题)图3显示某国移民人数及其占总人口比例的变化。读图3,完成10~11题。

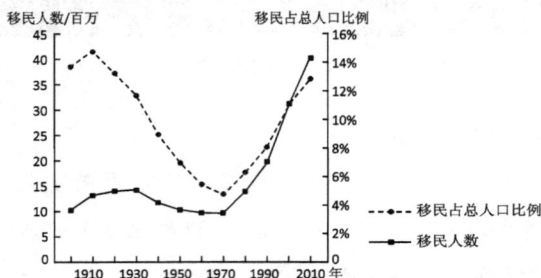

图3　某国移民人数及其占总人口比例的变化

10. 图4所示的①、②、③、④四幅图中,符合该国人口增长特征的是(　　)

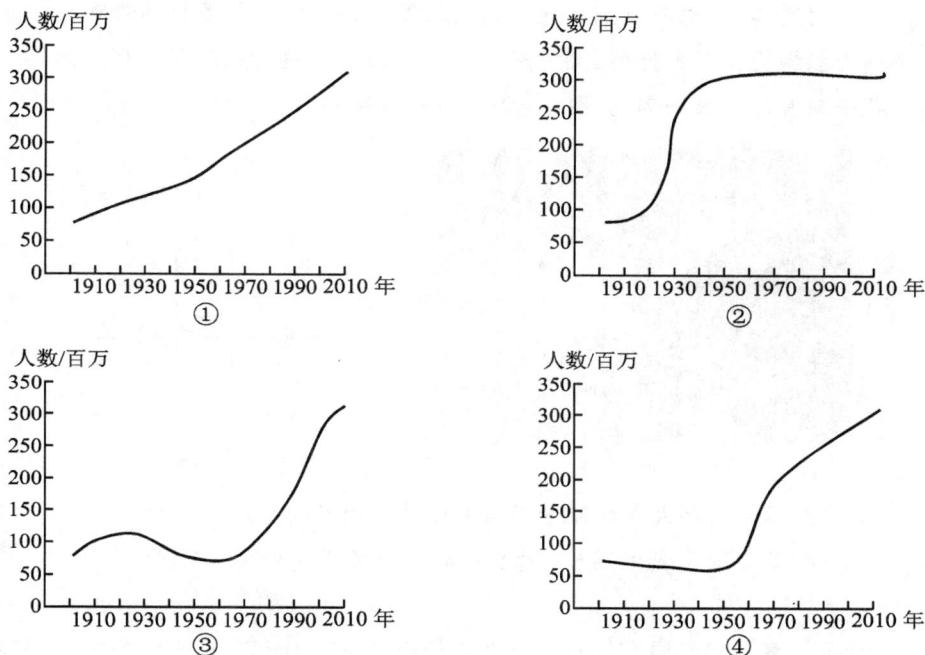

图4

A. ①　　　　B. ②　　　　C. ③　　　　D. ④

【答案】10.A

【点评】试题的地理性不够,更像是一道数学应用题。

本题提供的信息材料为地理数据图表。试题考查对应的课程标准不明确,地理思维含量低,地理性不够,难以考查考生的地理学科能力。

解答本题较为准确的方法是根据移民的人数及移民占总人口比例,计算出不同年代的该国人数,绘制成曲线图,再逐一比照四个选项,不难得出A选项符合题意。

试题考查要求考生能够快速、准确获取图中的地理数据等信息,理解图3中两条折线数据的逻辑关系。显然,这是一个数学问题。试题只是借用了人口迁移的地理名词,并没有达到考查地理思维品质的目的。

例题4：(重庆卷第13题)阅读图文材料并结合所学知识,完成下列要求。

材料二 洛杉矶及周边地区晴天较多,海滩、沙漠等多样的景观为电影拍摄提供了良好的自然条件。图5是该地区盛行风作用下形成的某一新月形沙丘局部图,图6是沙丘所在地风频图。

图5

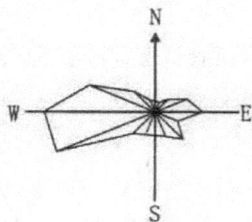

图6

(3)从洋流和大气环流分析该地区晴天较多的原因。(8分)

(4)结合图6,判断图5中箭头所指方向并说明理由。(6分)

【参考答案】(3)沿岸有加利福尼亚寒流经过,近地面降温,大气稳定。夏季受副热带高压控制,气流下沉,天气晴朗。(4)方向:南(偏南),理由:盛行风向为西风(偏西风),沙丘缓坡为迎风坡(沙丘两翼顺着风向延伸),缓坡坡向为西(偏西)。

【点评】试题图像的典型性、设问值得商榷,材料信息不充分,记忆能力考查失当。

本组试题以某一新月形沙丘景观图和沙丘所在地风频图为背景,情境新颖。但试题图像的典型性、设问等值得商榷。

第一,图5景观图不具有典型性,观察新月形沙丘角度不够清晰,具有局限性,使考生有无从下手之感。图6中沙丘标示处是一个很微观的信息,实际上在不同时间、不同地域,局部沙丘的延伸方向、形态有一定变化,要求以一个沙丘微观局部与沙丘所在地风频图(整个地区)相结合来判断图5中箭头所指方向,显然,第(4)小题的设计在地理尺度的把握和逻辑上存在问题。

第二,试题材料信息不足,对考生的记忆能力考查失当。第(3)题要求考生从洋流和大气环流角度分析洛杉矶晴天较多的原因,但试题没有提供洛杉矶的位置信息,考生只能凭借记忆去回答。地理课程标准和高考考试大纲对诸如洛杉矶的地理位置等并没有要求。试题设计不恰当,对考生答题有失公允。

第三,试题设问单一,第(3)题、第(4)题设计缺乏关联性和层次性,前后思维跨度大,对考生地理思维品质的考查不够合理。

例题5:(广东卷第40题第(3)小题)黑海地处亚欧两大洲的交界地带。历史文化名城伊斯坦布尔,是土耳其最大的城市和海港、重要的金融和工商业中心,有众多国际著名酒店进驻。根据下列材料,结合所学知识,完成(1)~(4)题。

材料一　黑海及周边区域示意图(图11)。

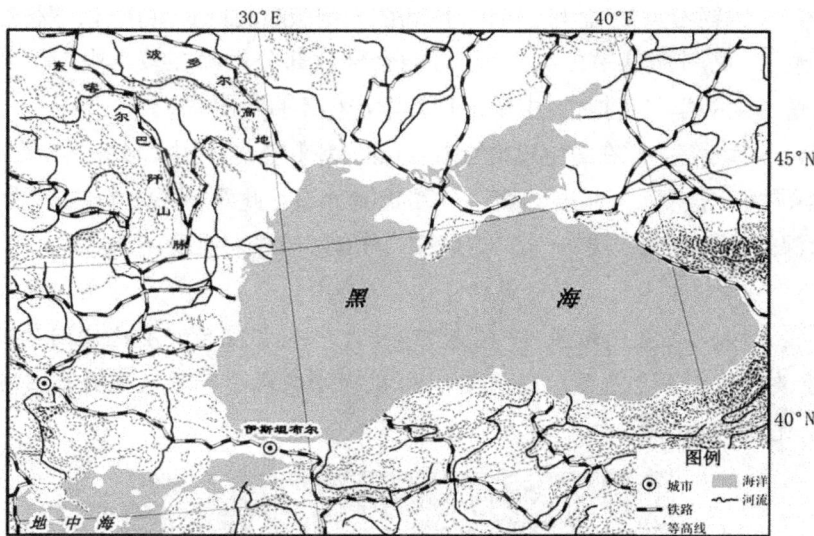

图11　黑海及周边区域示意

材料二　黑海是一个辽阔幽深的内海,海水平均盐度明显比大洋低,表层海水盐度较深层低且在100~150米深处存在密度跃层,形成"双层海"。

(3)黑海平均盐度明显比大洋低且表层海水盐度较深层低,其原因是什么?(8分)

【参考答案】(3)黑海周围降水多,蒸发量少;黑海周围径流注入,起到稀释作用;表层海水受降水和径流的影响大;海水中盐类物质下沉,使深层海水盐度大。

【点评】试题设计不当,对涉及的地理概念缺少解释,考生解题困难。

本题提供的信息材料为地理图像和文字材料,考查对应的课程标准不明确,对涉及的地理概念缺少解释,考生解题困难,不恰当地降低了试题的测试功能。

第一,试题缺少对考查地理概念的解释,导致考生无从下手。命题教师不了解中学地理教学实际,地理课程标准和高考考试大纲对海水盐度没有要求,高中地理教材中也没有"盐度""密度跃层"等概念,命题应考虑这一情况,在试题材料中提供相应的解释。本题设置不恰当,直接影响了试题的效度和信度。

第二,试题考查的"盐度"知识,是既往大纲版教材的重要内容,课标版教材已经删除。高考命题中再次出现,可能会导致部分教师在教学中增补类似内容,加重考生的学习负担,对中学地理教学产生不良的导向。

第三,参考答案需在考生思维能力可达的范围内。本题中"海水中盐类物质下沉,使深层海水盐度大",超出了考生一般的思维水平。此外,试题材料二中"在100~150米深处存在密度跃层,形成'双层海'"的信息却并未使用,值得商榷。

例题6:(重庆卷第8~10题)野外考察是发现和解决地理问题的重要方法。图2是某地理兴趣小组在野外考察中拍摄的照片。读图2,完成8~10题。

图2

8.图2中砾石滩常见于大河的(　　　)

A.河源　　　　　B.凸岸　　　　　C.凹岸　　　　　D.入海口

9.下列地貌形态的形成作用中,有与图2中使砾石变圆的作用类似的是(　　　)

A.石笋　　　　　B.冰斗　　　　　C.风蚀蘑菇　　　　　D.花岗岩风化球

【答案】8.B　9.C

【点评】试题立意与所选素材景观图关系存疑,答案设置值得推敲。

本组试题旨在考查河流不同位置地貌、形成地貌的地质作用等。但景观图使用存疑,答案设置存在一定的争议。

第一,砾石景观图不能准确反映某具体区域的地貌特点。事实上,在大河的不同部位,河流两岸常可以看到砾石滩,未必一定在凸岸或凹岸。砾石指的是风化岩石经水流长期搬运、磨蚀而成的具有一定粒径的无棱角的天然粒料,是沉积物分类中的一种名称。在长江两岸,这种砾石常可以见到。第8题设问图2中的砾石滩常见于大河的什么部位,显然,试题材料的使用和设问的关系牵强,试题设计不够严谨,试题立意与所选素材景观图关系存疑,考生只能根据记忆"凸岸堆积、凹岸侵蚀"去解题。

第二,第9题答案待商榷。砾石变圆是流水的物理侵蚀作用,主要是磨蚀作用。石笋是喀斯特地貌常见的类型之一,喀斯特地貌主要是流水的化学侵蚀即溶蚀作用和流水堆积作用形成的。冰斗是位于雪线附近由雪蚀凹地演化成的斗状基岩冰川侵蚀地貌,是山岳冰川常见的冰蚀地貌类型,主要由冰川在凹地中对底部和斗壁进行旋转磨蚀、刻蚀等而产生。而风蚀蘑菇是由风力侵蚀中的磨蚀作用形成。显然,选项中的"冰斗""风蚀蘑菇"都受到与图2中使砾石变圆作用类似的作用,所以试题的答案设置值得推敲。

例题7:(江苏卷第3题)在地球公转过程中,若以地球为参照系,可看到太阳在黄道上运行。图1是天赤道与黄道的示意

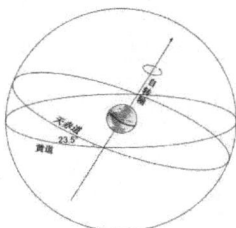

图1　天赤道与黄道

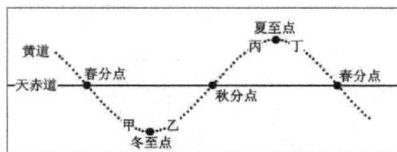

图2　太阳在黄道上的视运行轨迹

图,图2是太阳在黄道上的视运行轨迹图。读图回答3~4题。

3. 6月初,太阳在黄道上的位置是(　　　)

A. 甲　　　　　　B. 乙　　　　　　C. 丙　　　　　　D. 丁

【答案】3.D

【点评】考查过于强调记忆能力,图像功能尚未有效实现。

本题旨在考查地球运动的地理意义。图2与日常教学使用的太阳直射点运行轨迹图相类似,但时间序列刚好相反。试题过分强调记忆,思维含量小,图像效用不高。

试题中的图像应起到考查考生的读图能力,引导地理空间思维的作用。在图2中给出了四至点与甲、乙、丙、丁的位置关系。考生在记住春分、夏至、秋分、冬至时间的基础上,根据6月初应该位于春分以后,夏至以前,而且较为接近夏至日,就可得出答案。

本题中图1效用很低,如果直接把图2上的甲、乙、丙、丁四点标注在图1上,删去图2,可能更有利于考查考生的地理空间思维能力。

2015年高考地理试题评析①

吴岱峰　陈灿红　赵东宇　李方平　邵同洋　朱新艳　刘继英

（蚌埠市吴岱峰名师工作室）

纵观2015年高考地理试题,无论是教育部考试中心命题试卷还是分省命题试卷,地理试题难度适中,突出能力立意,贴近现实生活,考查学科主体内容,倡导学以致用,体现了高考对人才选拔的要求。

试题彰显地理学科区域性、综合性特点。在继承往年命题特点的基础上,素材、图像等更加丰富、生动,视角更加宽广,有效地拓展了命题空间,有利于考生的发挥和试题测试功能的实现,体现了对一线地理教学的引导。试题重视地理学科能力的考查,强调地理空间思维和地理综合思维,注重在真实的情境中,根据不同的主题,多层次、多角度地考查考生利用所学知识,分析、解决地理问题的能力。关注对地理问题的探究,试题设问体现过程性、综合性和开放性。在价值取向上,发挥试题的教育功能,重视考生地理学科核心素养的培养,引导他们注重身边的地理问题,关注地理环境的变化,激发和培养家国情怀,体现地理的实用价值。

当然,作为教育测试工具,部分高考试题存在一些诸如立意不高,考核内容、认知层次与相应地理课程标准不一致,试题考查意图不明确,个别试题阅读量大,地理思维含量偏低等问题,这些问题有待进一步商榷。目前,试题评价在理论、工具等方面尚有待完善,这里的评述更多是基于中学地理教学,难免有一定的局限,期待交流、指正。

一、值得肯定的试题

例题1:(新课标全国Ⅰ卷第1～3题)雨水花园是一种模仿自然界

---

① 原文发表于《新课程教学》2015年第8期,第28-35页。

雨水汇集、渗漏而建设的浅凹绿地,主要用于汇聚并吸收来自屋顶或地面的雨水,并通过植物及各填充层的综合作用使渗漏的雨水得到净化。净化后的雨水不仅可以补给地下水,也可以作为城市景观用水、厕所用水等。图1示意雨水花园结构。据此完成1~3题。

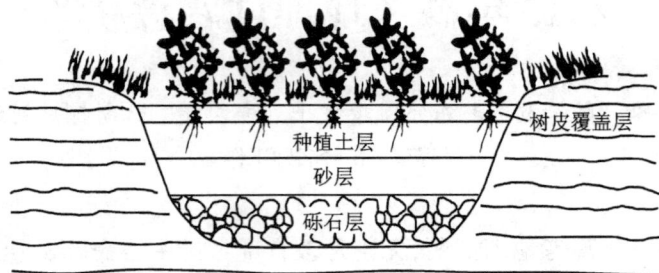

图1　雨水花园结构

1.铺设树皮覆盖层的主要目的是(　　)

A.为植物提供养分　　　　　　B.控制雨水渗漏速度

C.吸附雨水污染物　　　　　　D.保持土壤水分

2.对下渗雨水净化起主要作用的填充层是(　　)

A.树皮覆盖层和种植土层　　　B.种植土层和砂层

C.砂层和砾石层　　　　　　　D.树皮覆盖层和砾石层

3.雨水花园的核心功能是(　　)

A.提供园林观赏景观　　　　　B.保护生物多样性

C.控制雨洪和利用雨水　　　　D.调节局地小气候

【答案】1.D　2.B　3.C

【点评】试题取材现实生活,以小见大,重点考查地理逻辑思维能力。

本组试题情境新颖,联系当前城市建设的新成果,给出"雨水花园"的概念和功能,提供了"雨水花园的结构示意图",要求考生读取相关图文信息,并在此基础上进行判断推理。试题从文字信息的获取到图像各要素关系的分析,地理思维含量高,体现试题能力立意。

第1、2题,从能力要求上看,侧重考查"获取和解读地理信息"和"调动和运用地理知识、地理技能"。从思维层面上看,结合图像信息,针对性地考查微观水循环环节,与第3小题构成从微观到宏观的考查组合。

第1题,考查铺设树皮覆盖层的主要目的。植物的营养来自土壤中的有机质和矿物质,树皮对雨水污染物的吸附和净化作用很弱。雨水花园的底部铺设砂层和砾石层,利于雨水下渗和导出流走。因此,雨水花园地下水量变化大,为保证地表植物生长,必须保持土壤水分条件,覆盖树皮有助于达到减少水分蒸发的目的。

第2题,考生要明确关键信息是"对下渗雨水进行净化",显然树皮覆盖层难以净化雨水,砾石层孔隙大,对雨水的过滤效果不明显。种植土层和砂层孔隙小,颗粒物排列紧密,能够对下渗雨水起到过滤和净化作用。

第3题,侧重于从宏观角度考查整个雨水花园的功能,文字材料中隐含了相应信息,所以雨水花园的核心功能是增加雨水的下渗量并回收利用雨水,同时因减小了地表径流量,降低了暴雨后城市内涝的频率和程度。

从考查内容上看,本组试题以"雨水花园结构示意图"为背景材料,考查水循环的过程和地理意义,三小题的设问和选项设置巧妙,由浅及深,由微观到宏观,层层递进,要求考生能够选择和运用中学相关学科的基本知识,从文字和图像中发掘信息,建立由关键信息构成的线索,综合运用相关地理知识,多层次分析地理事物的发生过程,探讨与解决现实中的地理问题。

例题2:(新课标全国Ⅰ卷第36题)阅读图文材料,完成下列要求。

卤虫生存于高盐水域,以藻类为食,是水产养殖的优质活体饵料,也是候鸟的食物来源。美国大盐湖(图7)属内陆盐湖,卤虫资源丰富。20世纪50~70年代,大盐湖卤虫产业规模小,产品需低温运输,主要用于喂养观赏鱼类。80年代以来,随着水产养殖业快速发展,大盐湖卤虫产业规模不断扩大。

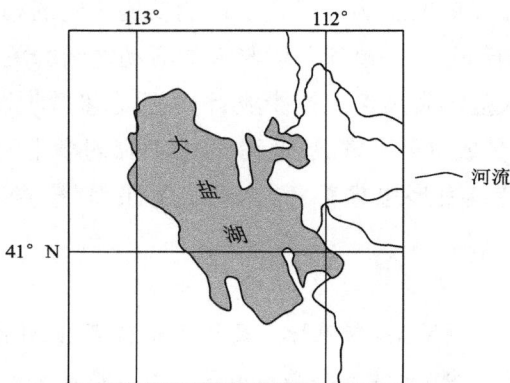

图7　美国大盐湖

(1)分析大盐湖盛产卤虫的原因。

(2)说明早年卤虫产业规模较小的原因。

(3)推测20世纪80年代以来,水产养殖业快速发展的原因及其对大盐湖卤虫产业发展的影响。

(4)你是否赞同继续在大盐湖发展卤虫捕捞业,请表明态度并说明理由。

【答案】略。

【点评】试题设计体现地理学科特点,从多角度考查地理思维。

试题以大盐湖区域为载体,以卤虫的产业发展为线索,从盛产卤虫的原因分析到对卤虫产业规模由小到大的推测,最后评价卤虫产业的未来发展前景,体现了从分析区域自然环境特征到推测产业发展及其对地理环境影响的设计思路,设问层层递进,既考查了地理思维的层次性,又体现了地理学科的区域性和综合性特点。

第(1)、(2)两小题,考生既要从文字材料中获取有效信息,如"卤虫生存于高盐水域""是水产养殖的优质活体饵料""美国大盐湖属内陆盐湖,卤虫资源丰富""产品需低温运输,主要用于喂养观赏鱼类"等,又要对有效信息进行逻辑推理,如"需低温运输"推理至"运输成本高","主要用于喂养观赏鱼"推理至"市场需求量小"等,加强了地理思维的考查。

第(3)、(4)两小题重在考查对产业发展和可持续发展理念的认识。第(3)小题"推测20世纪80年代以来,水产养殖业快速发展的原因及其对大盐湖卤虫产业发展的影响",考查了产业发展之间的相互影响,体现了学科素养中最核心的部分——地理环境与人类活动之间的关系;第(4)小题"你是否赞同继续在大盐湖发展卤虫捕捞业,请表明态度并说明理由",试题具有一定的开放性,可赞成也可不赞成,说明理由即可,对学生的批判性思维品质进行评价,渗透可持续发展思想教育,体现了新课程"培养未来公民必备的地理素养"的理念。

例题3:(新课标全国Ⅱ卷第37题)阅读图文材料,完成下列要求。

图5示意河套平原地区。当地将黄河水通过引水渠引入区内灌溉农田,农田灌溉退水经过排水渠汇入乌梁素海。近年来乌梁素海出现污染加重趋势。

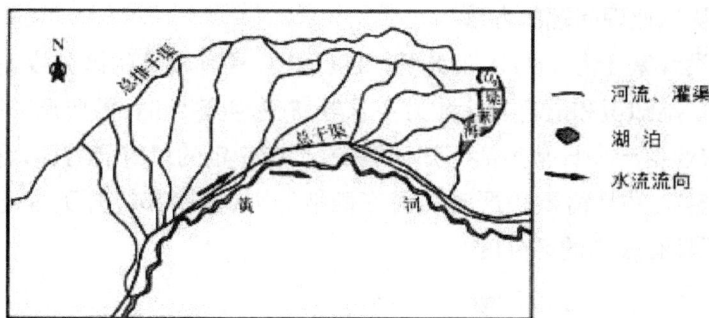

图5 河套平原地区

(1)判断河套平原的地势特点,并简述理由。

(2)指出长期维持河套灌渠功能必须解决的问题,并简述原因。

(3)分析近年来乌梁素海污染严重的原因。

(4)提出治理乌梁素海污染的措施。

【答案】略。

【点评】信息充分,答案与设问环环相扣,落点于可持续发展,体现区域研究的方法。

图文材料简洁,信息充分,对考生的指引明确,且试题设问紧扣素材。图像材料中的注记"黄河"和"乌梁素海"以及文字材料中的"图5示意河套平原地区",都清晰地指示区域地理位置,空间定位简洁明了;"当地将黄河水通过引水渠引入区内灌溉农田"指示了引水来源;"农田灌溉退水经过排水渠汇入乌梁素海"表明了排水流向。上述材料为考生判断区域地势特点提供了充分的信息。

试题信息与试题设问之间环环相扣,前面试题的信息和答案往往成为后面设问的解答思路。从信息上看,被誉为"塞外江南"的河套平原地势起伏小,暗示着第(2)小题中"引水入渠后流速减缓,泥沙易沉积";从答案上看,第(3)小题中"化肥、农药的施用""工业生产废水和生活污水的排放"为第(4)小题"提出治理乌梁素海污染的措施"提供了解答思路。这样的命题设计,要求考生具有答题的整体思路,建立各小题之间的联系,整体分析,整体作答。

试题设问从区域地理背景(地势特点)到区域开发现状(农田、灌渠),再到开发过程中存在问题的成因分析(乌梁素海污染问题),最终落点于区域可持续发展(提出治理措施),环环相扣,层层递进,在引导考生形成答题思路的同时,培养考生认识地理问题的方法。

　　试题设计基于考生的认知水平,难度适中,具有较好的区分度。试题对考生的地理基础知识和语言表达能力要求较高,考生答题时,需要调动区域地形、气候、工农业生产和日常生活等知识储备,具有一定的思辨能力,对答题要点作出甄别、遴选,并且需要较严密的语言概括能力,这些都提升了本题的考核效果,使试题具有较高的区分度。

　　例题4:(山东卷第9～10题)图4为我国某山地北坡甲、乙、丙三地垂直自然带随海拔变化示意图。完成9～10题。

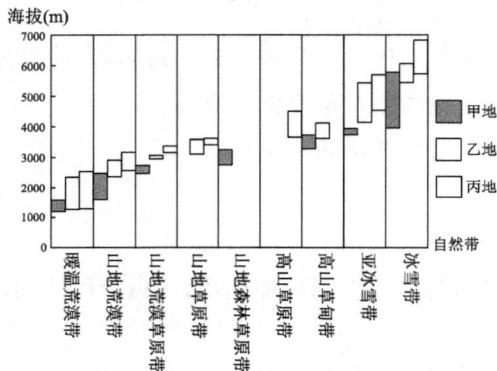

海拔(m)

甲地
乙地
丙地

自然带

暖温荒漠带　山地荒漠带　山地荒漠草原带　山地草原带　山地森林草原带　高山草原带　高山草甸带　亚冰雪带　冰雪带

图4　某山地北坡甲、乙、丙三地垂直自然带随海拔变化示意

9. 该山地可能是(　　)

A. 秦岭　　　　　B. 南岭　　　　　C. 昆仑山　　　　　D. 喜马拉雅山

10. 甲、乙、丙三地垂直自然带的类型组合存在差异的主导因素是(　　)

A. 光照　　　　　B. 水分　　　　　C. 海拔　　　　　D. 热量

　　【答案】9. C　10. B

　　【点评】图文简洁,信息丰富,解题方法多元,给考生留下思考空间。

　　试题以坐标图的形式呈现我国某山地北坡甲、乙、丙三地垂直自然带随海拔变化情况,不同于以往垂直自然带图的呈现形式,同时,有利于三地垂直自然带类型的对比,图形设计新颖,形成了别具一格的试题情境。

　　图像承载的信息有:山体的大致海拔高度(6 000米以上)、北坡山麓海拔高度(1 100～1 200米)、山地北坡垂直自然带的基带(暖温荒漠带)等信息。与图像信息关联的中国地理基础知识有:热量带分布,主要山脉、地势三级阶梯的平均海拔和分界线,气候和自然带分布,等等。试题信息丰富,思维含量大,充分考查了考生获取和解读地理信息,调动和运用地理知识的能力。

从解题方法上看,第9题,考生可以先根据山地北坡为暖温带,缩小选项中的思考范围,把答案限定在选项B、C之间,再根据基带是荒漠带,或者山顶海拔在6 000米以上,可得出结论;考生还可以先根据山顶海拔6 000米以上这一信息,把答案限定在C、D之间,再根据北坡山麓海拔(1 100~1 200米,判断该山地位于地势第二阶梯)或自然带(暖温带)判定该山脉是昆仑山。第10题,考生既可以利用三地垂直自然带的类型组合的对比得出结论,也可以从山麓到山顶自然带的垂直递变得出结论。一方面,在海拔3 000米左右的地区,甲地有森林分布,乙、丙两地缺失,由于同一山地同一海拔高度的不同地点温度相近,自然带的差异则主要由水分差异形成。另一方面,从山麓到山顶植被类型变化,基本符合由荒漠—草原—森林草原—荒漠的递变,也可以判断出造成这种差异的主导因素是水分。这类试题给考生留下较多的思考空间,要求考生具有较高的发散思维和综合思维能力,对地理教学有良好的导向功能。

例题5:(浙江卷第1~2题)浙江古代盛产青瓷,其中越窑生产的青瓷(越瓷)远销东亚、东南亚、南亚、西亚和非洲东部地区等。古代越瓷贸易船主要以风力和洋流为动力,晴夜观星定向,一般出航半年内到达非洲。下图为越瓷外销西南航线示意图。完成1、2题。

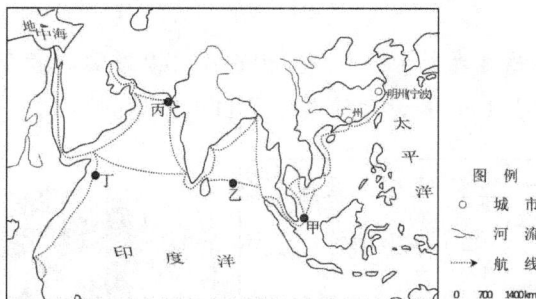

图1　越瓷外销西南航线示意

1.与陆路运输相比,越瓷西南方向贸易选择海运方式可(　　)

①缩短路程　②增加运量　③减少货物破损　④增强贸易灵活性

A.①②　　　　　B.①④　　　　　C.②③　　　　　D.③④

2.在输出越瓷的贸易航程中,船上的人可能会在(　　　)

A.甲处夜观北极星定向　　　　　B.乙处借船右后方来风作动力

C.丙处见到河水的暴涨　　　　　D.丁处眺望到大片茂盛的草地

【答案】1.C　2.B

【点评】取材我国古代对外贸易,命题视角独特。学科特点显著,综合性强。

本题组以浙江古代越瓷贸易图文材料为情境,反映我国与世界各国的交往与空间联系,引导考生关注历史事件中的地理知识,凸显对考生地理学科素养的考查,体现了初高中地理知识的有机融合。

试题体现能力立意,考生需要快速阅读信息,准确获取和解读信息,积极调用学科知识储备,审清题干问题指向。由"古代越瓷贸易船主要以风力和洋流为动力",可推知从我国沿海出发时间为冬半年,北印度洋季风洋流为逆时针(自东向西)流动。解题的思维过程体现了对学科地理能力的考查。

本题组难度不大,但综合性强,考核面广,涵盖考查了"不同交通运输方式的特点","绘制全球气压带、风带分布示意图","说出气压带、风带的分布、移动规律及其对气候的影响","运用地图,归纳世界洋流分布规律,说明洋流对地理环境的影响"和"运用地图分析地理环境的整体性和地域分异规律"等多条初高中地理课程标准。

本组试题地理气息浓郁,学科特征显著,综合性强,多角度地对地理学科主干知识进行了考查。

例题6:(福建卷第11~12题)图6为某摄影爱好者在图5中广袤草原上拍摄的"日出"美景。读图完成11~12题。

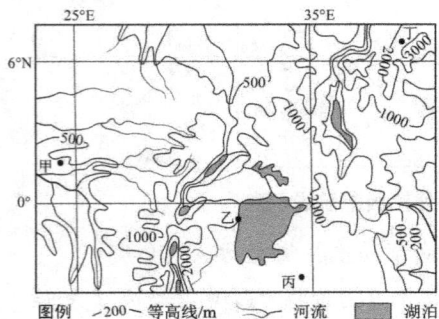

图5　　　　　　　　　　　　　　　图6

11.摄影爱好者拍摄"日出"美景的方向和北京时间分别是(　　)

A.东南　7月1日06时　　　　　B.东北　7月1日06时

C.东北　1月1日12时　　　　　D.东南　1月1日12时

12.拍摄"日出"美景的地点是图5中的(　　)

A.甲　　　　　B.乙　　　　　C.丙　　　　　D.丁

【答案】11.D　12.C

【点评】试题图文简洁严谨,注重地理空间思维考查,彰显地理能力立意。

从情境设置上看,本题图文简洁,信息充分有效。用"图6为某摄影爱好者在图5中广袤草原上拍摄的'日出'美景"25个字展开题目情境,并以景观图强化"广袤草原"和"'日出'美景",营造了直观、优美的情境,使试题贴近生活。景观图中的"日出"美景显示太阳出露在地平线以上。地理意义上的日出是太阳刚从地平线出现的一刹那,材料中"日出"部分双引号的使用体现命题语言的科学严谨。

从考查内容上看,试题考查了日出方位与季节、日出时间与季节、时间计算、等高线地形图和世界地理等,涉及基础知识点多,关注基本技能(地理计算能力、读图能力)的运用。考生利用图5中的经纬网以及特殊地理事物(维多利亚湖)进行区域定位,根据题目要求调动已有的知识储备,如"北半球夏(冬)半年,除极昼、极夜地区外,日出东北(东南),日落西北(西南)","赤道上全年昼夜等长,日出地方时为6时","北京时间是指东八区区时,120°E经线的地方时"等,进行时间计算,得出第11题的答案。考生结合生活体验(日出东方),也可利用第11题的判断结果,得出"面向东方视野开阔之处才可见日出美景"的结论。根据等高线地形图的判读可知甲、丁东部地势较高,乙处东部临湖,均不满足条件。丙东部等高线稀疏,视野开阔,能拍出图6所示"日出"美景。从拍摄"日出"美景的方位判断到地点的选择,从景观图带来的宏观感受到等高线地形图上的微观判断,既考查了考生的地理空间思维,又关注了知识间的内在联系。

从考查目标上看,试题以等高线地形图和景观图为问题的切入点,考查"分析地球运动的地理意义""在地形图上识别五种主要的地形类型"等课程标准,要求考生"获取和解读地理信息""调动和运用地理知识、地理技能",解决地理问题。

二、值得商榷的试题

例题1:(新课标全国Ⅰ卷第7~9题)海冰含盐量接近淡水,适当处理后可作为淡水资源。图3示意渤海及附近区域年平均气温≤-4℃日数的分布。据此完成7~9题。

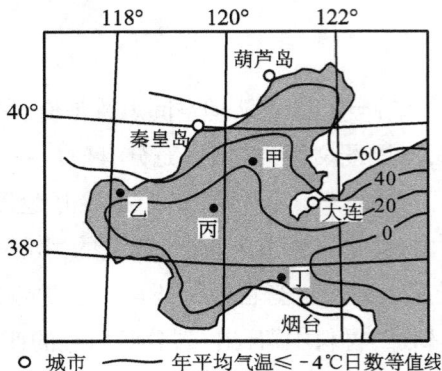

图3　渤海及附近区域

9.推测目前没有大规模开采渤海海冰的原因是(　　)
A.资源量不足　　B.破坏环境　　　C.成本过高　　　　D.市场需求不足

【答案】9.C
【点评】试题地理概念表述有误,材料信息不够充分,选项设置不当。

试题文字材料中"图3示意渤海及附近区域年平均气温≤-4℃日数的分布"以及图像信息中"年平均气温≤-4℃日数等值线",地理概念使用不准确,应修改为"一年中日平均气温≤-4℃日数"。"年平均气温"是指一年中各月月均温的平均值,无法与"日数"相对应。从试题内容上看,命题者意图指向"日平均气温"。不准确的地理概念表述易导致考生产生困惑和焦虑心态,影响解题的状态。

第9小题选项设置不当,试题材料信息不充分,答案指向与考生的认知水平不吻合。设问是"推测目前没有大规模开采渤海海冰的原因是",要求考生结合图文材料和所学知识推测原因。渤海周围工业发达,人口密集,淡水缺乏,市场需求量大。选项"成本过高"设置突兀,材料中没有提供开采海冰的成本信息,考生也缺乏这方面的知识储备。材料虽有"适当处理后可作为淡水资源"信息,但"适当"是一个模糊的表述,适当处理的成本无法确定,增加了试题的不确定性。同理,选项"资源量不足"的表述也比较模糊,资源量的大小需看对应的市场范围。市场范围如为某个城市,或者是某局部地区,开采海冰可以有效缓解水资源不足。渤海海域结冰时间较短,结冰海域仅在浅海区域,海冰的资源量相对不足也有一定的道理。题干中"大规模开采"这一信息可理解为过度的人类活动,从而得出"破坏环境"这一结论,并且大规模开采海冰会在一定程度上影响近海的生态环境,从而增加了选项的干扰性,使正确答案变得模糊。

例题2:(安徽卷第34题)阅读图文材料,结合所学知识,回答下列问题。

图8为福建省1982年和2005年交通与城市发展示意图。改革开放以后,随着交通条件的改善,福建省经济得到快速发展,地区生产总值由1982年的117.81亿元增加到2005年的6 554.69亿元,城市化水平不断提高。

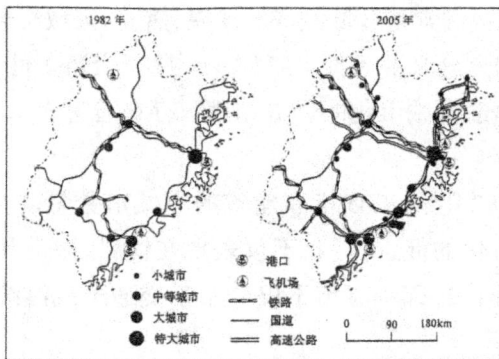

图8　福建省1982年和2005年交通与城市发展示意

(1)简述福建省交通运输网的变化特点。
(2)说明交通条件改善对福建省城市化的促进作用。

【答案】略。
【点评】材料偏旧,概念使用不准确,考查知识的内在联系不够恰当。
本题材料为"福建省1982年和2005年交通与城市发展",材料中的最终时间为2005年,距今已有10年时间,信息陈旧。近10年来,福建的高速公路等基础设施建设速度加快,陆路交通运输网络化明显。命题时,如能选用2010年之后的素材,则能让考生更加真切地感受到福建省经济发展所取得的巨大成就。

沿海省份的管辖范围包括陆地、岛屿和海域。福建省陆地面积12.4万平方千米,海域面积13.6万平方千米。试题中区域范围使用"福建省"一词,图像信息中呈现的海域范围与福建省实际管辖海域范围不一致,地理名词使用不准确。建议将试题材料修改为"图8为我国某区域1982年和2005年交通与城市发展示意图",并将两小题设问中的"福建省"修改为"图示区域"。

"地区生产总值"是指本地区所有常住单位在一定时期内生产活动的最终成果。地区生产总值是专有名词,考生对它的涵义尚不能准确把握,试题缺少对它的介绍,并且1982年我国尚未建立地区生产总值的核算方法,当时采用的是国民生产总值(GDP)核算方法,前后两个年份的经济核算方法不一致。

试题将交通与城市化相联系,易导致考生误以为城市化的发展直接受交通运输条件的影响。交通运输条件的改善有利于区域经济的发展,能够带动区域工业化和城市化,促进城市等级的提升和城市数量的增加。也就是说,引起区域城市化发展的直接因素是区域经济的发展,然而,区域交通条件的改善,并不是区域经济发展的充分必要条件。第(2)小题用"交通条件改善"而非"区域经济发展"考查"对福建省城市化的促进作用",存在着考查知识内在联系对应不恰当的问题。

此外,图中1982年和2005年福建省的小城市数量和分布不尽合理。交通条件改善对城市化的促进作用,不仅表现在铁路、国道和高速公路沿线,也表现在省道、县道沿线,即小城市不仅分布于交通干线沿线,还分布于省内其他区域。

例题3:(重庆卷第12题)马尔代夫是以旅游业为支柱产业的著名岛国。2014年12月4日,马累海水淡化厂设备损毁导致该岛淡水供应中断。应马尔代夫政府请求,中国政府及时向其提供了饮用水等物资和资金援助。图3是马尔代夫部分区域示意图。读图3,回答第12题。

12.中国一架满载饮用水的飞机紧急从广州飞往马累,若北京时间12:00出发,经4小时到达马累,

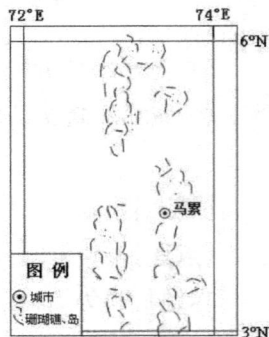

图3　马尔代夫部分区域

机长身高为1.8m,到达时其在机场地面的身高影长接近于(　　)

(tan55° ≈1.43, tan65° ≈2.14)

A.0.6m　　　　　B.1.2m　　　　　C.1.8m　　　　　D.2.4m

【答案】12.B

【点评】试题立意不高,计算繁琐,缺乏实际意义,部分情境真实性值得商榷。

试题选取马尔代夫水荒、中国人民伸出援助之手的新闻材料,构成试题情境,落点于地球运动的常规地理计算,但计算过程繁琐,缺乏新意。

试题过分强调地理计算考查,第一步,通过地方时的计算,得出飞机到达时的当地时间约13:00;第二步,根据太阳直射点在地球表面南北纬向移动规律(约1°/4天)推算出12月4日太阳直射点的纬度约为19°S;第三步,计算马累12月4日的正午太阳高度约为67°;第四步,由于马累位于赤道附近,昼长为12小时左右,按照太阳周日视运动移动规律,太阳高度6小时移动大约67°。按照这样的速度推算,马累当地时间13:00的太阳高度,大约为56°,最接近55°;第五步,根据已知条件tan55°≈1.43,利用三角函数的数学计算,得出结论。计算过程繁琐,对考生的计算能力要求高,考查价值不大,教学导向有失偏颇。

从试题设计的事实情境上看,飞机于北京时间12:00从广州出发,马累当地时间约13时到达,与"马尔代夫水荒"事件中我国紧急援助的运送饮用水的飞机实际起降时间不相吻合,试题情境真实性值得商榷。

例题4:(天津卷第3~4题)某矿物形成于上地幔软流层,后随岩浆活动到达地表。人们在图2所示古火山的岩浆岩及河滩泥沙中均发现了该矿物。读图文材料,回答3~4题。

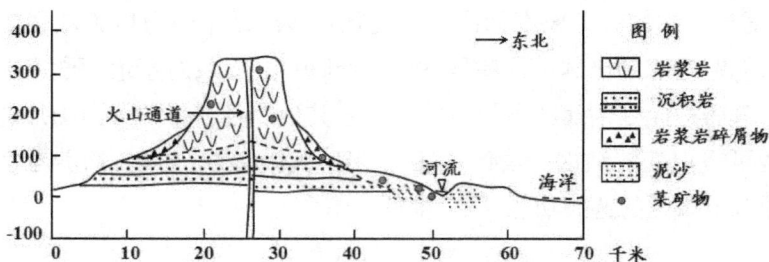

图2　某古火山及附近地区地质剖面示意

3.使该矿物从上地幔软流层到达河滩泥沙中的地质作用,依次应为
(　　)

A.岩浆喷发　岩层断裂　风化、侵蚀　搬运、沉积

B.岩浆喷发　岩层断裂　搬运、沉积　风化、侵蚀

C.岩层断裂　岩浆喷发　风化、侵蚀　搬运、沉积

D.岩层断裂　岩浆喷发　搬运、沉积　风化、侵蚀

4.剖面图中绘制的火山坡度,与实际的火山坡度相比(　　)
A.变陡了　　　　B.变缓了　　　　C.无变化　　　　D.无法判断

【答案】3.C　4.A

【点评】试题信息冗余,图像处理缺乏严谨性,区分度低,试题间的关联程度低。

本组试题以岩浆活动为主线,考查地理事物的形成过程,图像横、纵坐标的比例与地形坡面的关系,两道试题考查的关联程度低。

图像中火山口较为平坦,表明该火山形成年代较早,火山口已被严重侵蚀。但图像中火山通道清晰可见,且没有填充物,与形成久远的火山地貌不相吻合,图像处理上不够严谨;图像中"东北"向的指向标、岩石、矿物等信息冗余,与试题的解答无关,干扰考生答题,信息设置不当。

第3小题选项缺乏区分度。选择题选项的设置应具备一定的思考性,以发掘考生的潜能。而该小题考生只需借助"岩浆沿裂隙喷出"即可推知先岩层断裂,后岩浆喷发;至于外力作用的形成过程,先"风化、侵蚀",后"搬运、堆积"则更显简单,难以考查考生的思维能力。

第4小题给出地形剖面图和比例尺,意在考查考生的读图分析能力。但图示纵、横坐标单位分别为米和千米,垂直比例尺和水平比例尺差距较大,使图中火山坡度与实际的火山坡度相比明显变陡。该题地理学习能力较强的考生通过读图,能够考虑到比例尺的差异,进而判断得出结果;对于地理学习能力较弱的考生,只需把此处剖面图与教材中的或者其他途径获得的火山图片进行直观对比,也可得出变陡结论。设计虽然有利于考生多途径答题,培养考生发散思维,但降低了试题的选拔功能,区分度低。

例题5:[广东卷第40题第(4)、(5)小题]加蓬石油、森林资源丰

富,但种植业较落后,已耕地面积不到全国土地的2%。根据材料,结合所学知识,完成(1)~(5)题。

材料一　加蓬地理位置示意图(图8)。

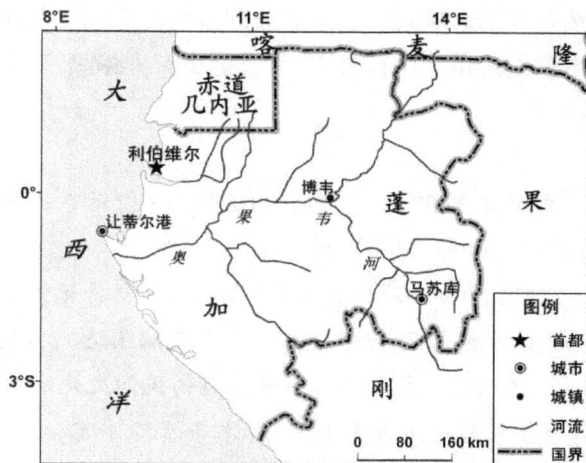

图8　加蓬地理位置示意

材料二　加蓬从2010年开始禁止原木出口,并制定了长期出口木制成品和半成品的目标。

(4)从自然因素考虑,在让蒂尔港建木材加工厂有哪些优势?

(5)分析加蓬发展种植业的有利自然条件。

【答案】略。

【点评】试题图文信息有效性不足,设问缺乏层次性、综合性,答案设置不当。

情境是实现试题立意的图文材料,应根据立意的要求选择有关的知识内容,要有一定的信息量和思维含量,避免冗余信息和干扰信息。材料中"森林资源丰富"信息没有在图像中与地形分布等结合起来,信息设置缺少思维含量;提供"加蓬种植业落后"这一信息,但第(5)小题却让考生分析加蓬发展种植业的有利自然条件,设计上不合逻辑。

设问应根据试题情境进行设计,常具有一定的层次性、综合性和开放性。从设问上看,两小题都考查区位优势,且都从自然条件(因素)角度分析,缺乏差异性和递进性,缺少思维的深入;从设问的顺序上看,与图文信息的呈现顺序不匹配。第(4)小题的设问缺乏必要的行为动词,使考生难以把握思考的深度和答题的详略程度。工业区位选择尤其是工厂区位选择相对于农业区位选择更为微观,且受自然条件的影响较小。本题设问没有从影响工业布局的社会经济因素出发,却从自然因素角度进行考查,考查侧重有失偏颇,不利于考查考生的综合思维能力。

    例题6:[福建卷第37题第(2)、(3)小题]图17示意关中地区和楚河地区。阅读图文材料,完成下列问题。

    材料一   发源于关中地区的戏剧"秦腔",历史源远流长。古丝绸之路上的楚河中游地区有一块"秦腔飞地"(乙城附近),当地有数万人是关中地区居民的后裔,至今仍保留着原有的民间文化和风俗习惯。

    材料二   吉尔吉斯斯坦多山地,林木等资源丰富;农业以畜牧业和小麦、棉花等种植业为主。在楚河中游地区,中吉两国合资建设的造纸厂规模与产量居中亚地区前列。

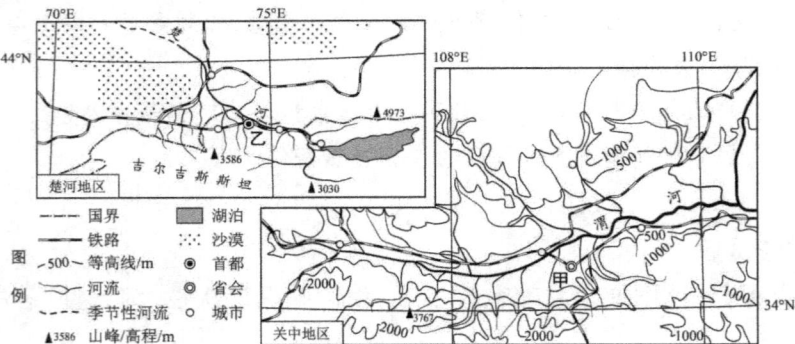

图17

(2)简述甲、乙城市共同的区位优势。

(3)分析楚河中游地区出现"秦腔飞地"的原因。

【答案】略。

【点评】试题考查内容与课程标准不吻合,答案组织与行为动词不匹配。课程标准是高考命题的重要依据,试题"简述甲、乙城市共同的区位优势"

这一问题考查的城市区位因素在课程标准中却没有对应要求，"秦腔飞地（乙城附近）"的形成也是基于该地区位条件，两小题在考查中内容重复。

"秦腔飞地"是一个新概念，通过材料"当地有数万人是关中地区居民的后裔，至今仍保留着原有的民间文化和风俗习惯"考生很容易理解，可不做解释。试题材料的设置却降低了第(3)题的思维含量，同时也降低了试题考查的效度和区分度。"秦腔飞地"的出现有其当时的历史背景，本题设问在切入的角度上宜有所限定，显然，该小题设问不够严谨。

试题的行为动词是考生答题的重要依据。一般而言，分析是对地理事物或现象由因到果，较为全面、深入地剖析，需要结合区域具体条件、具体地理过程来说明。简述是用简要的语言陈述、描述或总结，应把握要点，但不需要深入分析。"分析楚河中游地区出现'秦腔飞地'的原因"的答案"地处古代丝绸之路，自然地理环境较好"适合"简述"；"地处河谷平原，地势平坦宽阔；周边地区农业基础好，农产品丰富"等答案则适合"分析"的表述要求，试题设问的行为动词与答案的对应性不够恰当。

对一道高考题的审视与思考^①

赵东宇

（安徽省怀远县包集中学）

题目：

（2014·新课标全国卷Ⅱ）降水在生态系统中被分为蓝水和绿水。蓝水是形成径流的部分（包括地表径流和地下径流）；绿水是被蒸发（腾）的部分，其中被植物蒸腾的部分称为生产性绿水，被蒸发的部分称为非生产性绿水。据此完成6~7题。

6.下列流域中，绿水比例最大的是（　　）

A.塔里木河流域　　　　　　　B.长江流域

C.雅鲁藏布江流域　　　　　　D.黑龙江流域

7.在干旱和半干旱区，下列措施中，使绿水中生产性绿水比例提高最多的是（　　）

A.水田改旱地　　B.植树造林　　　C.覆膜种植农作物　　D.修建梯田

【答案】6.A　7.C

一、感性认识

部分老师认为高考试题应该"主题鲜明，注重基础，图像丰富，构思精巧，倡导运用"。"地图是地理的第二语言"，该题组没有地理图表，就失去了地理学科的特色，加上试题得分率比较低（特别是第7小题），直接影响到试题的甄别和筛选功能。然而更多的老师比较认可该题组注重考查考生的学科素养和学习能力，即考生对所学学科的基础知识、基本技能的掌握程度，以及综合运用所

① 原文发表于《地理教学》2015年第5期，第59页。

学知识分析解决问题的能力。本题组的设计从自然到人文,大胆舍弃常见的图表,用新的学科术语为主线来建构试题情境,情境清新,衔接自然,注重学科能力与学科素养的考查。

第一,情境新颖,彰显地理学科的应用价值。试题以全新的概念来建构试题情境,设问的角度也比较新颖,打破了常规使用区域示意图考查区域环境特征的传统方法;要正确解答本题组,不仅需要考生仔细审读题干,理解"绿水""生产性绿水""非生产性绿水"三个地理新术语,还需要考生调动不同流域环境特征和水循环的环节等知识并将其应用到试题分析、判断中去,特别是人类的不同活动方式对于生产性绿水和非生产性绿水的影响,彰显地理学科在生产和生活中的应用价值。

第二,理论联系实际,试题的设计彰显地理特色。命题不仅着眼于学科理论,而且贴近考生的生产生活,从自然到人文,最后把落点放在人地关系上,很好地体现了地理学科的核心理念——可持续发展,试题的设计巧妙引导考生从地理学科的角度去思考、分析问题,考生需要将获取的地理信息与相关的知识点建立准确而有效的逻辑联系,由于考查的知识点都是地理学科的主干知识,如不同流域的降水量与蒸发量、影响水循环的要素等,加上试题注重考查考生的地理思维品质,有浓郁的学科特色。

第三,注重地理素养的考查,凸显学科思维能力。试题取材不拘泥于教科书,要求考生关注地理学科发展和地理知识在生产生活中的应用,不断提高学习新知识、运用新知识的意识和能力,不同选项组合起来系统考查考生对"各种地理技能的功能、方法和要领的掌握程度""运用地理技能的合理程度、熟练程度"以及"应用地理技能解决地理问题的准确程度",有效甄别考生学科能力水平。本题组对考生的思维能力提出了很高的要求,考查知识的方式由直接变为间接,立足考生地理学科素养,强化知识的变式与运用,试题无需纠结新术语的由来,只需要准确解读其与学科主干知识的逻辑联系,不仅考查了考生获取和解读地理信息的能力,还考查了考生调动和运用地理知识和地理技能去分析问题、解决问题的能力。

二、命题思考

高考作为选拔性考试,其对考试公平性的要求,需要命题专家对试题所涉及的学科理论、教学理论和测量理论进行深入的研究,力争在遵循测量规律的同时,着力达到检测目标,准确评价考生构建在主干知识基础之上的地理思维品质和基本技能。试题的命制思路遵循"知识抽样、图表载体、能力立意、方法支撑、思想渗透、贴近生活"的原则,"能力立意、方法支撑"是命题时思考的重点。立意反映考查目的与主旨,是试题的核心或主题。在有限的时间内,只能依据课标要求,进行知识抽样,力争在有限的试卷长度内做到能力覆盖;依据测试目标,尽可能突出思维的过程和逻辑思维的品质,从这层意义上说,一套高考地理试题是一部学术作品,是一部地理科学研究、中学地理教学、教育测量技术三者相结合的力作。就其中的一组试题而言,命题专家除了对试题情境进行巧妙设计和对设问进行精心打磨之外,重点考查知识运用的质量与思维品质。高中地理课程标准明确了知识与技能、过程与方法、情感态度与价值观等考查目标之间的关系(见图1)。

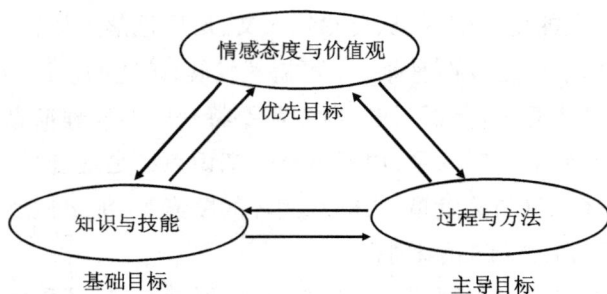

图1　三维目标之间的关系

高考命题不仅仅考查知识与技能这些基础目标,而且注重过程与方法等行为标准的考查,同时将情感态度价值观作为优先目标,注重其在高考试题中的展现。高考命题人员将试题需要测试的地理能力分为若干基本层级,精心设置问题梯度,以便提高测试的信度与效度。与此同时,高考的命题趋势与方向也深刻影响着一线教师的教学,高考命题人员在试题命制时应兼顾课程标准与考试说明的要求,进一步增强高考对中学教学的导向和影响作用。

高考试题的亮点和缺憾①

邵同洋

(安徽省怀远县包集中学)

题目:

(2012年高考安徽卷第30题)图11为我省平原地区某中学的操场和行道树示意图(晴天8:00前后,东操场大部分被行道树的树荫覆盖)。完成30~31题。

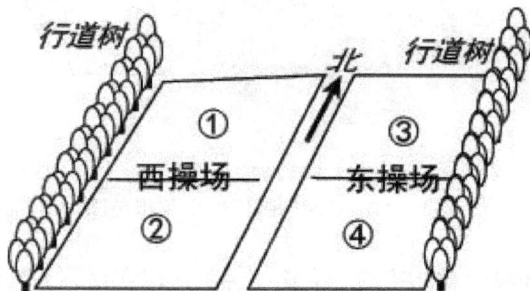

图11

30.为充分利用树荫遮阳,6月某日16:00~16:45该校某班同学上体育课的最佳场地是(　　)

A.①　　　　　B.②　　　　　C.③　　　　　D.④

参考答案:A

本题的立意是考查日影知识,能力方面要求考生首先能够提取背景材料中"晴天8:00前后,东操场大部分被行道树的树荫覆盖"的关键信息,然后根据所学的"太阳周日视运动"相关知识,将8:00和16:00建立时间对称来推导结论。

---

① 原文发表于《中学地理教学参考》2015年第8期,第13页。

试题以体育课充分利用树荫遮阳为情境,贴近学生生活,亲和力强;试题设计与考查日影的常规题目相比,富有创新性。

遗憾的是16:00时,安徽省平原地区太阳的方位实际在西北方,树荫覆盖情况如图1所示,正确答案应该选B。如果本题把参考答案定为B,虽然题目无科学性争议,但考查的核心转变为"16:00太阳方位的判断",考试内容已大大超出了学生的认知范围,这种改进也不足取。笔者认为,把题干和背景材料中的时间改进一下更为合理,比如把"8:00"改为"10:00","16:00~16:45"改为"14:00~14:45"。

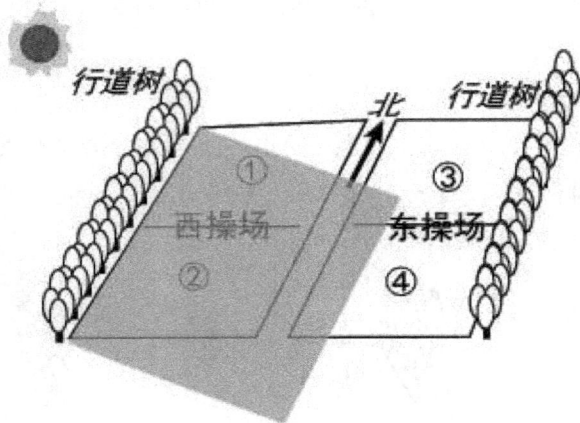

图1　16:00时例题区域太阳覆盖图

关于太阳周日视运动的方位,很多人存在认识误区,习惯上认为"6:00太阳在正东方向,18:00太阳在正西方向",实际上,太阳一天中处于正东(正西)方位的时间,因时因地而异。图2是笔者根据自己所处的位置(117.28°E,33°N),绘制6月10日的天球坐标示意图。其中太阳在天球上的运动轨迹,一年中是不断变化的,即距离天赤道的距离不断变化,夏至日太阳运动轨迹在天赤道以北,距离天赤道最远,冬至日在天赤道以南,距离天赤道最近。一天当中,太阳在该轨道上的运行速度也是均匀的——角速度为15°/h。而图中太阳处于B点时方位正东,处于C点时方位正西,太阳在AB弧上运行时,方位东北,在BC弧上运行时,方位东南,在BD弧上运行时,方位西南,在DE弧上运行时,方位西北。

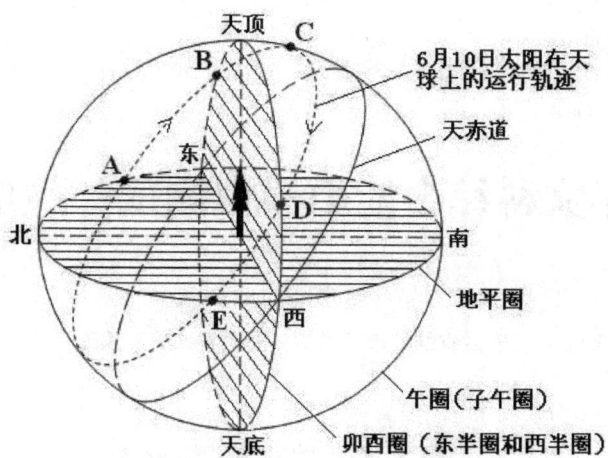

图2　笔者所处位置的天球坐标示意图

2010年文科综合能力模拟测试(一)地理试题①

吴岱峰　陈灿红

(安徽省蚌埠市教科所　安徽省蚌埠市铁路中学)

第Ⅰ卷　选择题(共44分)

本卷共11小题,每小题4分,共44分。在每题给出的四个选项中,只有一项是最符合题目要求的。

图1为太阳辐射量随纬度分布示意图。可能总辐射量是考虑了受大气减弱之后到达地面的太阳辐射;有效总辐射量是考虑了大气和云的减弱之后到达地面的太阳辐射。据此完成1～2题。

1.云量最多的地区是(　　)

A.赤道附近

B.北纬20°附近

C.北纬40°附近

D.北纬64°附近

2.影响可能总辐射量分布的主要因素是(　　)

A.大气云量

B.大气厚度

C.太阳高度

D.通过的大气路径

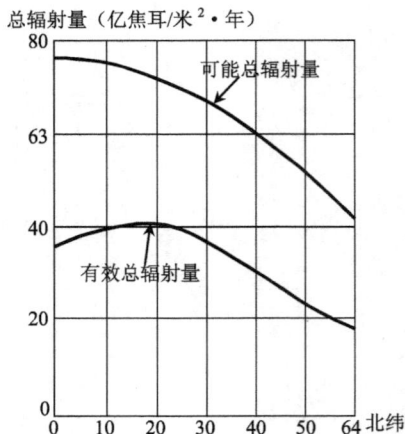

图1　太阳辐射量随纬度分布示意

图2为甲(北纬22°,东经100°)、乙(北纬47°,东经87°)两地民居景观

---

① 原文发表于《中学地理教学参考》2010年第5期,第59-62页。

图。读图完成3～4题。

甲　　　　　　　　　　　　乙

图2　甲、乙两地居民景观

3. 甲民居屋顶的结构有利于(　　　)

A. 预防潮湿　　　B. 顺畅排水　　　C. 清除积雪　　　D. 散热通风

4. 形成甲、乙两地民居景观差异的直接因素是(　　　)

A. 海陆位置　　　B. 季风活动　　　C. 光照条件　　　D. 水热条件

图3为某著名港口示意图。该港位于中心城区的东侧。读图完成5～6题。

5. 该港口突出的区位优势是(　　　)

A. 海岸曲折,适宜停泊

B. 地势低平,气候暖湿

C. 避风海湾,腹地广阔

D. 交通便利,工商业发达

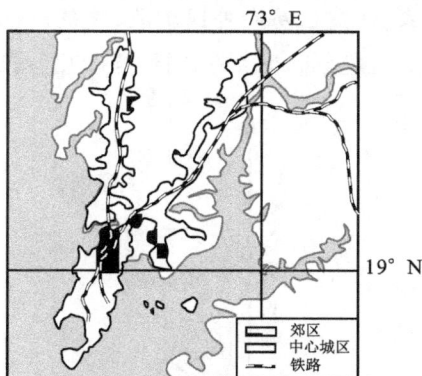

图3　某著名港口

6. 该港口可就近大量外运的农产品是(　　　)

A. 棉花、花生　　　B. 稻米、黄麻

C. 大豆、蔗糖　　　D. 小麦、茶叶

图4为我国部分地区油菜开花日期等值线示意图。读图完成7～9题。

7. 1月1日、2月1日和3月1日三条油菜开花日期等值线反映了气候变化的(　　　)

A. 高低纬度差异

B. 距海远近差异

C. 海拔高度差异

D. 非地带性

8. 影响3月1日、4月1日油菜开花日期等值线在江浙一带位置偏南的因素是(　　)

A. 丘陵山地分布

B. 海陆热力性质

C. 沿岸暖流影响

D. 播种时间差异

9. 6月份油菜开花的分布区域接近(　　)

A. 干旱和半干旱区过渡地带

B. 农业和牧业交错过渡地带

C. 暖温带与中温带过渡地带

D. 季风区与非季风区过渡地带

图4　我国部分地区油菜开花日期
等值线

在我国城乡转型进程中,农村由于人口非农业化转移带来"人走屋空"现象,新建住房向外围扩展,建筑用地规模不断扩大,原宅基地废弃、闲置,形成空心化现象。图5为农村"空心化"演进的周期示意图。读图完成10~11题。

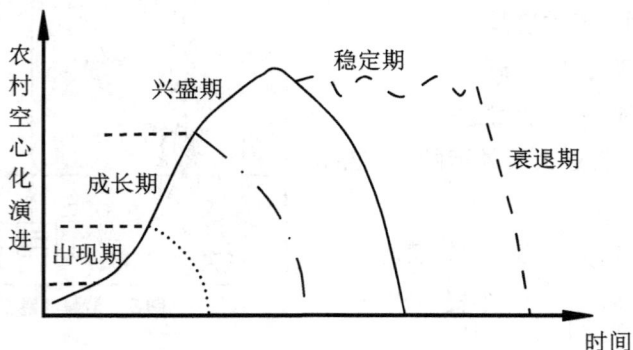

图5　农村"空心化"演进的周期

10. 农村劳动力大量短期外出打工,宅基地出现"季节性闲置"现象主要发生在(　　)

A. 出现期　　　　B. 成长期　　　　C. 兴盛期　　　　D. 衰退期

11. "衰退期"形成的主导因素是(　　)

A. 农村产业结构优化和个人意愿

B. 经济收入差异和人口增长压力

C. 农村劳动力非农业化转移加快

D. 村庄基础设施完善和耕地保护落实

第Ⅱ卷　非选择题（共56分）

12.（36分）根据材料和图6，结合所学知识，回答下列问题。

自上世纪50年代以来，青海湖整体水位持续下降，湖泊面积不断缩小。近年，监测数据显示从2005年至2008年，青海湖水位上涨54厘米。随着水位上升，青海湖面积不断扩大，2008年比2004年增加了132平方千米。

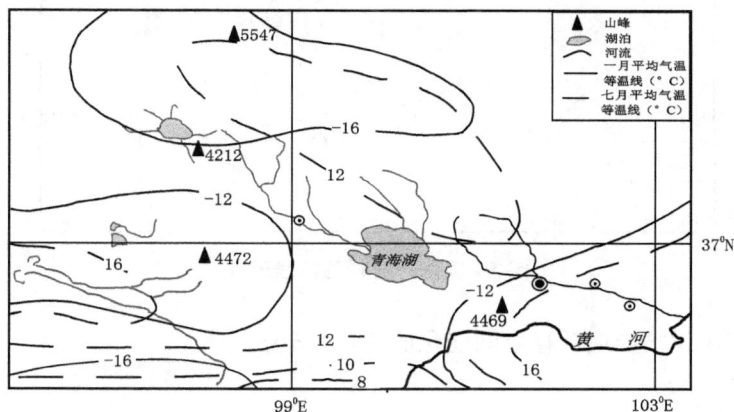

图6　我国某区域

（1）简述与我国同纬度东部地区相比该区域气温日、年较差特点，并分析原因。（14分）

（2）说明当地自然灾害对农业生产的影响。（10分）

(3)分析近年来青海湖面积不断扩大的原因。(12分)

13.(20分)根据材料和图7,结合所学知识,回答下列问题。

安徽省凭借自身优势,主动融入长三角经济圈,通过引资推介,发展经济合作等方式,促进长三角进行产业转移。2008年安徽省55.7%以上省外产业资金来自长三角地区。

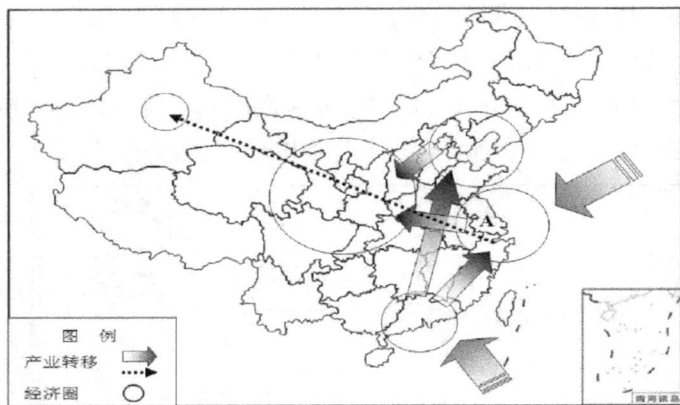

图7 我国产业转移路线示意

(1)简述我国产业转移空间变化的特点。(6分)

(2)分析A经济圈进行产业转移的主要原因。(6分)

(3)说明安徽承接产业转移对区域发展的积极影响。(8分)

2010年文科综合能力模拟测试(一)

地理试题参考答案及评分标准

一、选择题(本大题共11小题,每题4分,共44分)

题号	1	2	3	4	5	6	7	8	9	10	11
答案	A	C	B	D	C	A	A	B	B	C	D

二、非选择题(共56分)

12.(36分)

(1)与同纬度东部地区相比,该区域气温日较差大,年较差小。海拔高,空气稀薄,白天太阳辐射强,地面植被稀少,岩石裸露,增温较快,气温高;夜晚大气逆辐射弱,降温快,日较差大。地势高,夏季地面温度低,冬季较少受寒潮的侵袭,年较差小。(14分)

(2)干旱影响农作物和牧草的生长。大风使土壤、植物的蒸发和蒸腾增强,造成农作物和牧草因失水干枯。沙暴刮走土壤的表土,造成流沙移动,埋没牧草,影响牲畜生长。寒潮、冰雹、雪灾、低温冷害等对农牧业生产危害严重,造成可耕地面积和可利用草场面积减少。(10分)

(3)降水增多,增加入湖水量,并使环湖地区云量增多,降低湖面水体蒸发量,减缓了青海湖水位下降;随着全球变暖,环湖地区气温升高,周围高山冰川积雪持续消融,使入湖河流流量增加。采取有效的生态治理措施,改善植被,对青海湖水位上升起到积极作用。(12分)

13.(20分)

(1)产业转移呈梯度推进的态势,大致形成国际产业向我国沿海经济圈转移,沿海经济圈产业向中西部转移的局面。(6分)

(2)改革开放初期以来该经济圈低生产成本、低劳动力价格优势逐步弱化,土地等生产要素成本不断上升;资源、能源面临短缺,环境污染日益严重;国际

经济形势变化、国家政策调整,要求进行产业结构调整,实现产业升级。(6分)

　　(3)促进安徽产业结构调整,缩短产业升级时间,加快工业化进程;促进安徽与长三角经济圈之间的产业分工与合作;改变安徽的地理环境(景观);改变劳动力就业的空间分布,增加当地的就业机会。(8分)

第四篇 DI SI PIAN

地理教学设计研究

"山地的形成"教学设计[①]

李方平

（安徽省蚌埠市第一中学）

一、教学内容

人教版高中地理必修一第四章"地表形态的塑造"第二节"山地的形成"第一课时。

二、课标分析

课标：结合实例，分析造成地表形态变化的内、外力因素。

造成地表形态变化的因素是多种多样的，概括起来主要有两大类，一类是内力作用，另一类是外力作用，形成的地貌也是多种多样的。本节内容主要是以山脉为例，分析不同类型山地形成的原因，重在厘清不同山地的概念、形态、成因。

三、教材分析

教材是在前一节"营造地表形态的力量"基础上，将山地作为内力塑造地表形态的一个典型案例进行深入剖析，山地的形成和发展主要与内力作用有关，因此本节内容重在以山地地貌为案例，剖析内力对地表形态的塑造过程。本课时有三个主要内容：褶皱山、断块山和火山。褶皱山主要从褶皱概念、基本形态、岩层新老关系、形成地貌四个方面介绍，断块山主要从岩体受力、位移方向和地表形态三个方面介绍，火山从形成、结构和规模三个方面介绍。

[①] 原课例荣获2013年10月在江西南昌举行的全国优质课评选特等奖，并发表于《中学地理教学参考》2014年第11期，第41-44页。

四、学情分析

通过第一节"营造地表形态的力量"的学习,学生对于内外力作用对地表形态的影响有了感性认识,为本节进一步以山地为案例,学习内力作用对地表形态的塑造做好了铺垫。

笔者所带班级学生的基础较好,理解能力较强,具备初步理论分析、知识整合及实验探究的能力,而且高中学生已具备了一定的动手能力。本节课的教学重点是通过实例说明山地的形成,因此可以通过简单的模拟实验进行探究,使学生获得一定的直观体验,并在实验中发现问题、解决问题,提高学生的学习能力和归纳总结能力。

五、教学目标

1.知识与技能

(1)结合具体图像,分析褶皱山的形成过程及其基本形态特征,能识别背斜和向斜。

(2)理解内外力共同作用下的"背斜成谷,向斜成山",并分析其形成原因。

(3)能够结合实例,分析断块山的形成及地表形态。

(4)能够分析火山的形成、结构和规模。

2.过程与方法

学生通过查阅、收集资料,小组合作学习,地理实验,野外考察等实践活动,体验合作探究学习的过程和方法,学会分析内力作用对地表形态的影响,分享学习的乐趣。

3.情感、态度与价值观

通过实验探究活动,激发学生学习地理的兴趣,培养科学的学习态度。

六、教学重点

背斜、向斜的特征及其判别方法;地形倒置的成因;断层的特征及其形成的地貌类型;火山的形态特征。

七、教学难点

背斜和向斜的形成过程及其对地表形态的影响;断层的形成及其对地表形

态的影响。

八、教法、学法

教学方法：启发式教学、实验演示、Flash动画演示。

教学流程："图片欣赏—演示实验—交流研讨—总结升华"的教学流程。

学习方法：以实验为主线，学生动手、动口、动脑，经过体验、探究、验证获得知识，形成自主、合作、探究的学习方式。

九、教学准备

划分学习小组，准备实验器材、多媒体课件。

十、教学过程

教学流程	教师活动	学生活动	设计意图
新课导入	教师：同学们，首先我们欣赏一段视频，这是我们班谢祺、蔡寒峰小组做的一个模拟实验，请看他们的实验录像(播放火山喷发实验录像，图1) 设疑：火山是怎样形成的？自然界中的山地除了火山还有哪些类型？它们又是如何形成的？带着这些问题，今天我们就来学习第四章第二节"山地的形成" (板书)	观看实验录像，思考回答问题，与老师互动 图1	通过播放本班同学制作的实验视频，引起学生的兴趣，自然引出本节内容
介绍学习目标	课件展示本课的学习目标(图2) 1.了解褶皱、断层的概念，分析褶皱山和断块山的形成、形态 2.分析火山的形成、结构和规模 3.尝试实验探究地理事物的方法	学生先了解本节课要完成的学习目标	明确本节课的学习任务，做到心中有数

教学流程	教师活动	学生活动	设计意图
新课学习	教师：下面我们就开始今天的学习，大家把课本翻到第73页，快速浏览一下第一、二两段内容，了解一下山地的主要类型和褶皱山的有关知识。(板书：褶皱山、断块山、火山。)我们把它们分成三个探究主题。全班分成三个探究小组，分别叫做褶皱山组合、断块山组合和火山组合，主要是通过模拟实验的方式进行探究，每个小组在做模拟实验的时候，要讲清实验材料、实验目的、实验过程和实验结论，还要注意把学习内容融合到实验中去。实验时，其他小组同学注意观察实验，体会实验，当他们的实验结束后，其他小组的同学可以提出自己的想法，可以肯定，可以质疑，也可以提出改进方法，大家共同提高。接下来，我们首先进行第一个探究：褶皱山	自学课文第一、二段内容，了解实验要求	简单的内容，学生完全可以通过自己阅读了解 让学生明确本节课的学习方法和要求，为接下来的学习明确方向
第一个探究主题：褶皱山	欣赏图片(图2)，解释水平岩层，普及知识 教师：一般来说，先形成的岩层在下，后形成的岩层在上，越靠近地层上部岩层的形成年代越近。打个比方，地球上的岩层就像我手中的这本书，有很多层。但自然界中的岩石都是这样的水平岩层吗？我们再看一幅图片(图3)，大家观察图中的岩层有什么特点，弯曲的岩层是如何形成的呢，它的形态有何特点？下面，有请褶皱山组合为大家演示模拟实验	观看屏幕，了解相关背景知识  图2  图3	教材没有这部分内容，但学生需要了解它，作为理解褶皱的基础

教学流程	教师活动	学生活动	设计意图
褶皱山组合演示模拟实验	[先出示思考题(实验前)] 1.褶皱的形态有哪几种？岩层的弯曲状况有何不同 2.褶皱的不同形态岩层的新老关系有何不同,能否以此来判断自然界的褶皱形态 3.褶皱常常形成什么样的地貌,简单描述其形成过程 4.实验有何不足,请提出适当建议 图4 (观察协助,提醒引导)	褶皱山组合演示模拟实验(视频) 实验1　褶皱的形成(图4) 实验材料:报纸、卡纸、颜料、胶水、人工草皮 实验步骤:第一步,水平放置岩层,说明在褶皱发生前岩层是水平的;第二步,两手水平用力从两侧挤压岩层;第三步,观察岩层的变化;第四步,观察褶皱形成的地貌 实验结论:水平岩层在水平挤压力的作用下发生弯曲变形,其中的一个弯曲叫褶曲,岩层向上拱起形成背斜,岩层向下弯曲形成向斜。内力作用占主导的情况下,背斜成山,向斜成谷;外力作用占主导的情况下,背斜成谷,向斜成山 (其他小组成员边看书,边观察,体会实验,思考问题,并记录自己的想法,准备交流发言)	通过小组合作实验,学生获得亲身体验,并在体验中发现问题、解决问题、理解知识,培养学生的动手能力、思考能力和合作意识
交流研讨	(引导点拨,参与其中) 教师:褶皱山组合这个实验还是非常成功的,大家看,模型做的简洁实用,用料不多,实验操作过程配合默契,一位同学在做实验,另一位同学结合实验做讲解,讲解比较清楚,演示也很好。刚才大家也给他们的实验提出了一些很好的意见和建议,他们这个实验还存在需要完善的地方,但是总体效果是不错的,瑕不掩瑜,褶皱山组合的同学可以根据大家的建议再进行改进	先是小组内部交流探讨,实验小组派代表向其他小组征求意见。其他小组同学向实验小组提出问题、质疑或改进措施,实验小组同学进行解答	培养学生的观察能力和分析、归纳、总结的学习能力

教学流程	教师活动	学生活动	设计意图
总结升华	教师整合学生实验和交流研讨的信息,通过Flash动画总结,并完善板书(图5) **图5**	注意听讲	必要的总结升华,使学生加深对知识的理解,并形成一定的知识结构
承转过渡	教师:通过刚才的学习,大家知道,在地壳水平挤压力作用下,岩层发生塑性变形,产生一系列波状弯曲,叫褶皱。如果岩层进一步挤压,就会发生破裂,破裂后,会发生什么呢? 接下来,让我们进行第二个探究:断块山	注意听讲	不同探究主题衔接,自然过渡到断块山的探究
第二个探究主题:断块山	展示两张图片(图6):华山北坡大断崖,庐山龙首崖 设疑:它们是如何形成的呢? 有请断块山组合为我们做现场演示试验	观察它们的特点 **图6**	给学生视角的冲击,激发探究热情

教学流程	教师活动	学生活动	设计意图
断块山组合演示模拟实验	[观察实验前,提出两个问题] 1.岩层在什么情况下可能断裂,断裂一定会形成断层吗 2.断层两侧岩块形成的相对运动一般最少需要几处断层,分别会产生什么样的地貌 (观察协助,提醒引导)	断块山组合现场演示模拟实验 实验2:断层的形成 实验材料:硬纸盒、卡纸、泡沫塑料、白纸、颜料、画笔、人工草皮 实验步骤:第一步,观察岩层断裂面;第二步,岩层沿着断裂面垂直位移;第三步,岩层沿着断裂面水平位移 实验结论:岩层在强大的挤压力或者张力的作用下发生破裂,两侧岩体沿着断裂面做一定位移,位移的方向有多种,有水平位移、垂直位移,形成的地貌也多种多样,上升部位常形成断块山,下沉的部位常形成谷地和平原 (其他小组成员边看书,边观察,体会实验,思考问题,并记录自己的想法,准备交流发言)	通过小组合作实验,学生获得亲身体验,并在体验中发现问题、解决问题、理解知识,培养学生的动手能力、思考能力和合作意识
交流研讨	(引导点拨,参与其中) 教师:大家交流得很好,说明大家对这个内容深入思考了。同学们要注意,我们不能把褶皱和断层完全割裂开,自然界中它们的形成是有联系的,比如在褶皱的形成中可能有断层构造,断层结构里也可能有褶皱形态。大家课下还可以查阅相关资料,比如巴西高原、东非高原、青藏高原等这些高原的形成,既有褶皱的原因,也有断层的因素,甚至有些高原的形成可能与岩浆活动也有关	先小组内部交流探讨,之后实验小组派代表向其他小组征求意见。然后其他小组同学向实验小组提出问题、质疑或改进措施,实验小组同学进行解答	培养学生的观察能力和分析、归纳、总结的学习能力

教学流程	教师活动	学生活动	设计意图
总结升华	教师整合学生实验和交流研讨的信息,通过Flash动画总结,并完善板书(图7) **图7**	认真听讲	必要的总结升华,可使学生加深对知识的理解,并形成一定的知识结构
承转过渡	教师:前面我们欣赏了谢祺、蔡寒峰小组做的火山模拟实验,那么这种漂亮的山地是如何形成的呢,下面我们就一起来探究火山的形成,先欣赏几张图片(图8) 设疑:火山又是如何形成的呢? 接下来把时间交给火山探究小组	认真听讲 **图8**	探究主题间自然衔接。
火山小组探究活动	[先思考几个问题] 1.岩浆喷出地表的形式主要有哪两种? 举例说明形成的地貌 2.火山的结构主要由哪几部分构成? 播放火山探究小组明光野外考察实录(图9) **图9**	其他小组成员边观看视频,边观察、体会,思考问题,并记录自己的想法,准备交流发言。	通过野外考察,学生获得亲身体验,并在体验中发现问题、解决问题,培养动手能力和合作意识

教学流程	教师活动	学生活动	设计意图
交流研讨	(引导点拨,参与其中) 教师:这个考察活动准备得很充分,这一小组的同学查阅了大量的资料,还专门开了考察准备会,联系车辆、摄影人员,还设计了考察路线和内容,小组成员之间分工协作配合得很好,录像拍摄处理得也很典型,还撰写了考察报告,同学们若有兴趣可以找他们看一看,学习一下	先小组内部交流探讨,之后实验小组派代表向其他小组征求意见。其他小组同学向实验小组提出问题、质疑或改进措施,实验小组同学进行解答	培养学生的观察能力、质疑精神、分析和归纳总结的学习能力
继续火山小组的探究活动	播放火山模拟实验的后半段实验视频(图10) **图10**	其他小组成员边观看视频、边观察、体会,并记录自己的想法,准备交流发言	必要的总结升华,使学生加深对知识的理解,并形成一定的知识结构
交流研讨	(引导点拨,参与其中) 教师:刚才同学们和实验小组的同学进行了互动交流,对他们的实验评价很高,这个实验做得的确很好,他们搜集了大量资料,做了多次实验,也进行了多次改进,想了很多办法,大家应该向他们学习。大家也提出了一些合理的意见和建议,说明大家善于观察,勤于思考,课下火山探究小组的同学可以根据大家的意见再做进一步的改进	先小组内部交流探讨,之后实验小组派代表向其他小组征求意见。其他小组同学向实验小组提出问题、质疑或改进措施,实验小组同学进行解答	
总结升华	教师整合学生实验和交流研讨的信息,进行总结,并完善板书	认真听讲	

教学流程	教师活动	学生活动	设计意图
课堂小结	[结合板书进行总结(图11)] 教师:本节课我们学习了三种山地的形成,从知识层面上,我们不但了解了褶皱、断层的概念,还分析了褶皱山和断块山的形成和形态,以及火山的形成、结构和规模;从理解层面上,我们了解了山地的形成是内外力综合作用的结果,内力作用是主要的塑造者,外力作用再对其加以修饰美化,自然界的山地就变得形态各异、异彩纷呈了	对照板书,体会课堂小结 图11	将知识系统化,并为下节内容做铺垫
课堂小结	最后我们在孔子的一句诗中结束今天的学习,孔子曰:仁者乐山,智者乐水。希望大家能做像山一样厚重的人,下节课我们再一起领略水的灵动流畅 谢谢大家		
作业	1.完善实验,撰写实验报告 2.同步作业	课下巩固提高	检查学习效果

十一、板书设计

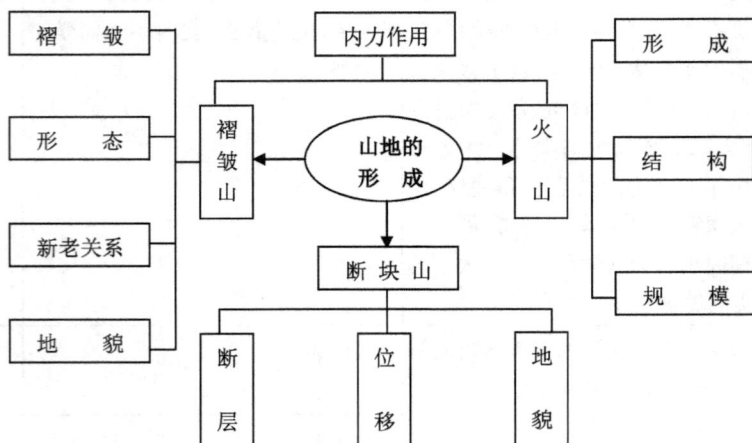

十二、教学反思

(一)研读课标很重要

课标是教师上课的指导,没有课标,教师就没有方向,对内容的把握就不够准确。因此研究解读课标是教师备课的第一环节。

本节课的课标是"结合实例,分析造成地表形态变化的内、外力因素"。本节课的重点是运用内外力原理分析山地形成原因的思维方法的学习,而不在于具体某个山地是怎样形成的,所选择的例子仅仅是个案例,要透过这个案例看到它背后规律性、原理性的东西。

基于对课标的认识,笔者采用"实验驱动式"教学模式。以实验为主线,通过动手、动口、动脑及各种感官,经过体验、探究、验证获得知识,引领学生形成自主、探究、合作的学习方式。并通过师生活动,发现问题,分析归纳解决问题。因此在教学中,笔者确定了"图片欣赏—演示实验—交流研讨—总结升华"的教学流程。通过实验和相关问题的设置,引导学生主动体验和构建知识。激发学生的学习兴趣,让学生在合作实验中体验成功的快乐。

然而在具体的教学实践过程中,也存在不少问题,如学生准备的实验还显粗糙,探究还不够深入,学生交流的问题还比较浅,还需要再深入挖掘。

(二)鼓励学生自主合作设计实验

高中学生初步具备了一定的动手能力,在实验教学中教师可以根据教学内容,周密安排,在没有危险的情况下,鼓励学生自主合作设计实验,能够使学生获得一定的直观体验,并在实验中发现问题、解决问题,促进学生对知识的建构和迁移,提高学习的质量。

"山地的形成"一节第一课时有三个主要内容,分别是褶皱山、断块山和火山,结合学习内容可以设计三个实验:(1)模拟褶皱形成和形态的实验,(2)模拟断层形成的实验,(3)模拟火山喷发的实验。每个实验都要有多个小组分别独立完成,各小组可以根据自己的兴趣和爱好选择,然后分别准备实验器材,利用活动课时间进行初选,每个实验从多个小组中选出一个最好的,再利用两天时间完善,之后在课堂上展示。

这样做的目的是让学生之间有充分的合作和交流,设计出较好的实验,而好的实验设计能让学生动手、动脑、动心,增加学习和思维的信息量、训练量,让学生在有序而快乐的学习氛围中理解和掌握知识,更能培养学生的创新思维和创新能力。

(三)教学过程可再优化

教师课前对这节课的内容进行了精心预设,但在课堂实施时有些预设比较顺利地达成了,而有些预设出现了新情况,却没有及时地引导捕捉,错过了一些很好的教育时机。如果能够巧妙引导,可能会获得非预设生成的意外收获。因此教师以后要注意对这些结果和过程及时进行记录、整理和分析,反思自己的教学行为,提高教学的自我监控能力。

教学过程基本流畅,问题设计有梯度,符合学生的认知规律。从问题的提出到学生的实验,到小组之间的探究,再到练习巩固流畅自然,在这一过程中学生的语言还不够准确完美,还能再简化优化,比如前面的小组实验和谈论规则可再简练,断层和火山实验活动之间的过渡不够自然。

"沟壑纵横的特殊地形区—黄土高原"教学设计①

宋长军

（安徽省蚌埠市第二十六中学）

一、教学目标

1.知识目标

（1）了解黄土高原的地理位置、范围和黄土高原自然景观的特点。

（2）理解黄土高原水土流失的主要原因和水土流失所造成的危害。

2.能力目标：

（1）利用黄土高原图,确定黄土高原的位置和范围,培养学生读图、运用地图的能力。

（2）收集整理黄土高原黄土来源假说的有关资料,培养学生收集、整理归纳资料的能力。

（3）通过"水土流失和地表状况关系"的实验,培养学生观察、分析地理事物的能力。

3.情感态度与价值观目标

教师带领学生通过对黄土高原水土流失主要原因及其造成后果的分析,使学生认识到人类活动和自然地理环境之间相互作用、相互影响的关系,树立正确的人地观。

二、教学重点

黄土高原水土流失的主要原因和造成的危害。

---

① 原课例荣获2005年全国地理新课程成果二等奖。

三、教学难点

黄土高原表面黄土的来源——"风成说"。

四、教学方法

讲述法、小组讨论法、实验法。

五、教　具

抽屉状盛土盒、黄土、玻璃容器、草皮、洒水壶、多媒体课件。

六、教学课时

1课时。

七、教学过程

教学过程	教学内容	设计意图
导入新课	多媒体放映陕北腰鼓、宝塔山、窑洞、黄河的片断 设问：这是我国什么地方的风土民情？位于我国哪个地形区	利用多媒体，形成教学情境导入新课。吸引学生的注意力，调动学习兴趣，唤起学生求知欲及参与探究的意识
读图回答	多媒体展示《黄土高原的位置》图 设问：你能指出黄土高原的位置吗？黄土高原主要跨哪几个省级行政区	运用图像加强直观教学，使学生从图上自主获取有关黄土高原位置、范围的有关知识，培养学生观察和运用地图能力
承转过渡	黄土高原大部分覆盖着厚达100至200米的黄土，这些黄土是从哪里来的呢	转入下一部分的学习
展示交流	课前布置学生收集关于黄土来源的资料，请学生交流收集的材料	培养学生收集、整理材料的能力，激发学生的学习兴趣
承转过渡	哪一种假说得到了广泛的支持	引入下一部分的学习
分析讨论（学生分为四组）教师巡视并参与讨论	多媒体展示"风成说"的有关证据 1.黄土中有随地形起伏的多层古土壤 2.黄土高原的黄土矿物成分与所堆积地方基岩的矿物种类极不相同，却与中亚、蒙古等地的戈壁、沙漠矿物成分相同 3.黄土就像冬季地面积雪那样，以差不多的厚度覆盖在起伏不同的各种地形上 4.黄土高原自西北向东南黄土的颗粒越来越细 这些证据说明了什么问题	这部分是本节教学难点 全体同学积极参与，通过小组讨论，培养同学们的合作意识。讨论中，鼓励学生敢于提出自己的观点，培养学生的思辨能力

教学过程	教学内容	设计意图
师生小结	说明了 1.黄土不是当地岩石风化逐渐形成的,而是外来产物 2.黄土不是本地产物,有可能从中亚、蒙古一带而来 3.黄土厚度分布比较均匀,不是流水冲来的,而是从上空落下来的 4.黄土的运动方向是自西北向东南	体现启发性原则。证据环环相扣,"从感性到理性,由直观到抽象",使学生掌握知识与发展地理思维能力相统一
承转过渡	多媒体展示黄土高原地貌图和塬、梁、峁、川四种地貌图 提问:黄土高原地貌有什么特点? 为什么会形成这种特点	从宏观到具体,过渡到下一部分内容的学习
分组试验	分五小组进行实验,每组做一个实验 名称:水土流失与地面状况的关系 实验准备:在抽屉状的木盒内装满约10厘米厚的黄土,黄土表面覆盖一层薄薄的草皮(不同组实验条件不同),洒水壶一只,装满水的水桶、玻璃容器五只 第一组实验:用洒水壶均匀地将水洒在草皮上,观察玻璃容器中水和沙的多少 第二组实验:在稀疏草皮覆盖的黄土表面,均匀地洒水,观察玻璃容器中水和沙的多少 第三组实验:在黄土表面,均匀洒水,观察玻璃容器中水和沙的变化 第四组实验:在黄土表面,加大洒水强度,观察玻璃容器中水和沙的变化 第五组实验:将黄土表面疏松,加大洒水强度,观察玻璃容器中水和沙的变化	培养学生的实践能力 学生通过观察、实验,体验从实践中获取知识的快乐
师生总结	多媒体展示 1.在同等降水条件下,植被覆盖率越高,水土流失 _____;植被覆盖率越低,水土流失 _____ 2.在暴雨冲刷下,水土流失 _____ 3.地表土质越疏松,水土流失 _____ 4.黄土的溶解性能 _____	培养学生归纳、总结能力
承转过渡	多媒体展示黄土高原黄土地貌 提问:请同学们联系黄土地貌特征,想一想,为什么黄土高原水土流失严重	进入下一部分学习
分析讨论总结	1.地表裸露,缺少植被保护 2.降水集中在七月和八月,多暴雨 3.人类活动使地表土质疏松 4.黄土易溶于水 最主要的原因是人类对黄土高原的不合理开发利用	本节课教学重点 培养学生运用知识解决实际问题的能力

教学过程	教学内容	设计意图
承转过渡	多媒体展示:黄土高原聚落和耕地图 提问:黄土高原的水土流失,会造成什么后果	引导学生探究
师生总结	1.水土流失带走了地表肥沃的土壤,使农作物产量下降 2.向下流输送大量泥沙,给黄河河道整治和防洪造成巨大困难 3.使沟谷增多、扩大、加深,导致耕地和村庄可分布地减少,使耕地村庄都分布在高原面上或缓坡上	本节课教学重点 使学生认识到黄土高原水土流失的严重危害,对学生进行环境教育
讨论分析	多媒体展示:黄土高原上的聚落和耕地图 提问:你能结合图片,谈谈如何治理黄土高原的现状	引导学生探究,寻找治理水土流失的方法 在探究中培养学生树立正确的人地观
师生总结	治理水土流失的主要方法:退耕还林还草;合理利用土地;控制人口增长等	
归纳总结	教师引导学生总结本节课教学内容	培养学生的概括能力
作业	1.收集、整理"怎样做好黄土高原的生态建设"的有关资料 2.针对家乡环境出现的问题,写一篇环保的小论文	培养学生收集、整理资料的能力,为下节课教学做准备

八、教学反思

通过本节课的教学,笔者深深感到要上好一节课,要有充分的教学准备。教学准备不仅仅对老师重要,对学生而言,也是非常重要的。只有做好充分的准备,才可能真正实现深化教学目标,达成教学成果的目的。

在本节教学中,有两个难点问题:第一是黄土高原表面黄土来源假说"风成说";第二是黄土高原水土流失的原因。前一个问题在于如何理解"风成说",后一个问题在于学生缺少对黄土高原水土流失的直观认识。针对这两个问题可尝试采用不同的方法加以突破。

对于第一个问题,教学处理上设计以活动的形式进行突破。首先课前布置学生收集有关黄土高原地表黄土来源的假说,形成学生对黄土来源的初步了解。在教学中创设教学情境,在此基础上启发学生思考黄土高原地表的黄土是从哪里来的? 之后让学生各抒己见,把他们所收集的资料拿出来,共同讨论。学生在合作中交流,发表意见,体验与他人合作的快乐。老师把学生的意见加以归纳,最后展示"风成说"的有关证据,引导学生分析、讨论这些证据说明了什么问题。在讨论的过程中实现对黄土来源"风成说"的突破。

对于第二个问题,教学处理上设计以实验的形式进行突破,目的在于比较直观地分析出水土流失与降水强度、地表植被覆盖之间的关系,并突破学生对黄土高原地区缺乏了解的局限,进而解决黄土地貌如何形成的问题。针对课本活动内容的设计,为使学生对水土流失主要原因了解得更加深入,结合学生情况,又设计了"降水强度大,地表无植被保护"和"降水强度大,土质疏松"两种情况的实验。在课堂上学生边实验,边观察,边思考,参与热情得到充分调动。通过实验,学生得出水土流失与地表植被覆盖和降水强度之间的关系。在此基础上,把实验的结论应用于黄土高原,进一步分析黄土高原水土流失的主要原因和所造成的危害,得出黄土高原水土流失是自然和人为因素共同作用的结果。同时在实验过程中,学生从黄土的收集、木盒的制作、黄土表面草皮的培植,到课堂上亲自实验,亲身体验了知识产生的过程,应该说他们的收获是巨大的。在这个过程中,也培养了他们动手实践、观察、思考和相互合作的能力,培养了他们综合分析问题的能力。而对于教材,教师要敢于突破,敢于发展。例如,在设计水土流失与地表植被与降水强度的关系实验时,从便于学生理解的角度出发,对课本的活动内容进行了丰富,增加了"降水强度大,地表无植被保护"和"降水强度大,土质疏松"两种情况的实验,使学生对黄土高原水土流失主要原因的理解更加深刻。

成功的教学,在教学设计上要妥善处理好教学内容预设和学生知识生成之间的关系;在教学方法上既要继承,更要创新;在教学的形式和内容上,要把握好二者的统一;在教学过程中,要充分调动学生的感官,通过思维活动、实证探究等,使学生真切地感受到知识的产生。此外,还要不断挖掘教学内容,升华教学内容,使环境问题、可持续发展思想教育等,结合教学内容后更加具体且生动,使学生真切地感受到环境问题与人类活动的关系,同时也提升了课堂教学,实现教学育人的目标。

这节教学也存在一些不尽如人意的地方,例如对"水土流失与地表植被与降水强度"的实验,讨论得并不够充分,挖掘得不够深入,完全可以在实验的结果上进一步启发学生思考,为什么黄土高原的植被会出现地域差异,为什么植被覆盖状况差?从而自然引导出人类活动对黄土高原的影响。另外教学的结尾部分处理得并不是很理想。作为知识延伸,布置学生把自己对黄土高原的认识、治理措施等加以归纳,写一篇小论文,似乎有些空洞。因为学生写论文,在内容、方法上等还需要教师进一步指导。这样处理并不能够令人满意。

改变学生学习地理的方式,就是帮助学生由被动接受知识转变为主动参与、体验、探究,并创造知识的过程。一节课的成功与失败,不是看学生参与活动人数的多少和时间的长短以及回答了多少问题,也不是拘于形式、淡化知识与技能的培养,而是要看学生是否积极参与到课堂活动中来,是否实现体验知识、获得知识的乐趣;要看学生参与活动的有效性,学生在学习活动过程中,自主进行探究,思维活动的广度和深度,即要看学生参与活动的程度和质量;要看学生掌握知识、形成技能,以及情感态度的积极变化。

"常见地球投影图的理解及应用"教学设计①

陈灿红

（安徽省蚌埠市第二中学）

一、三维目标

1.知识与技能

（1）学习微课，熟练掌握经纬网的判定、地表方向的确定及最短航程的判断技巧等地球基础知识，提升智慧课堂学习平台的动手操作能力。

（2）提高碎片时间的利用效率，初步学会运用其他手段获取地理信息的基本技能，培养高效利用时间的意识和学习能力。

2.过程与方法

（1）通过四组微课由易到难，由浅入深地学习和讨论，自主发现问题，并运用有关知识和方法，提出看法和解决问题的设想。

（2）运用适当的方法和手段，表达自己学习的体会、看法和成果，并与别人交流。

3.情感、态度与价值观

结合在线学习、小组合作交流，树立合作意识，初步形成对在线学习的好奇心和求知欲望，初步养成求真、求实的科学态度。

二、教学重点

（1）地球投影图中侧视图、俯视图和圆柱投影图的特点。

（2）经纬网地图的方向判定。

---

① 原课例为2015年1月蚌埠市首届智慧课堂观摩研讨会面向全市600多名教师展示的教学研讨课。

三、教学难点

(1)地球投影图中侧视图、俯视图和圆柱投影图的特点。

(2)确定两点间最短航程的航行方向。

四、教学方法

基于大数据背景下班级授课制的点对点式辅导；小组合作学习；师生在线交互式教学。

五、学情分析

本节课授课班级为蚌埠二中高二英语特色班。经过半年文科学习的知识积累，学生已具备一定的初高中地理知识，掌握了基本的地理原理和地理能力。就感性的地理知识而言，中国区域地理和世界部分区域地理已经掌握，但对于理性的地理知识而言，尤其是地球运动，学生还缺乏严谨的逻辑推理和数学计算能力；加之学生在数学学习过程中接触"立体几何"不久，空间想象能力较薄弱，因此，帮助学生克服对自然地理的心理恐惧，培养文科生的理性思维能力在本节课中就显得尤为重要。基于此，教学预设为入手容易、层层推进、由浅入深的教学策略有助于学生的认知深化，有助于培养学生的学习兴趣。

六、教学内容分析

常见地球投影图是中学地理教学的难点之一，本部分内容对学生的空间想象能力、逻辑推理能力、画图能力和数学计算能力等都有非常高的要求。因此，本节课作为地球运动教学的导入课，既要激发学生兴趣，又要提升学生的理性思维，尤其要培养学生的逻辑推理能力。

教学内容"常见地球投影图的判读"是下一步教学内容的基础。学生需要准确地比较四种投影图的差异，了解每一种投影图的投影方法，掌握各投影图的特点。并运用"常见地球投影图的判读"的知识，进一步依次落实"经纬网判读方法""经纬网地图的方向判定""最短航程的判断"等知识内容。上述三部分内容层层递进，环环相扣，具有知识的延展性和能力的延续性等特点。

七、教学设计理念与策略

本节课的教学设计以建构主义理论为指导,调动学生的学习主动性,以问题驱动学习动机,以知识获取辅助学习习惯的培养,以进阶训练升华归纳演绎能力,从建构知识网络出发,侧重对思维方式的培养,在层层递进式的学习过程中逐步提升学生的"综合素质"能力,促进学生知识、能力与情感态度价值观融为一体。在学习过程中,帮助学生结合已有的认知结构在问题驱动的基础上主动地构建新的知识结构;鼓励学生通过小组合作、共同探究,构建出更加接近事实本源的知识世界,进而调动学生的学习兴趣和热情。

基于微课的翻转课堂强调差异性教学、小组合作学习和探究学习,采用通关式训练模式,师生之间采取点对点、面对面的教学策略。学生自主学习微课,并完成微课同步练习;教师根据大数据统计分析,及时了解学情,有针对性地组织教学,做到先学后教,以学定教。

八、教学媒体分析

基于微课的翻转课堂教学,"微课"是教师对知识的整合、学法的引领和设疑释疑的场所,教师录制微课,学生自主学习微课,借助平板电脑完成微课学习后对应习题的检测,发现问题并为课堂学习确定方向。教师运用科大讯飞大数据处理系统掌握学生的学习状况,有针对性地组织教学。本节课教师录制了四个微课,并配套设置了相应的4组习题。微课名称如下:

微课1:"常见地球投影图的判读";

微课2:"经纬网判读方法";

微课3:"经纬网地图的方向判定";

微课4:"最短航程的判断"。

九、课时安排

1课时。

十、教学过程

教学内容	教师预设	学生活动	设计意图
课前准备	学生课外自主学习微课"常见地球投影图的判读",并完成相应的智慧学习平台作业 作业完成后,自主学习微课"最短航程的判断",如果理解有困难,可多次观看,本部分不布置作业	学生自学,完成练习	问题驱动,先学后教,以学定教
课堂环节 一、微课1 1.写出微课主干知识点（5分钟左右）	在智慧学习平台系统作业栏中:①选出常见的地球投影图的种类;②以小组为单位写出各种地球投影图的特点(提示:可从极点的位置、经线和纬线的形状等角度加以概括)	作业平台做作业,完成任务	了解学生课后学习状况,及时根据学生的掌握情况决定教学方法和教学方向
2.说出微课主干知识点（1分钟左右）	师生共同说出各种地球投影图的特点教师当场点评学生出现的共性问题	学生反思、落实	将最基础性的知识转化为能力,培养学生的学习能力和地理事物和现象的概括能力
3.分层教学团队合作（时间不定）	对学习能力较强的学生,加大训练难度;对学习能力较弱的学生,进行小组研讨、师生交互,当堂布置同阶作业 根据学生情况,采取现场录制微课,点对点地发送,点拨学生疑虑	学生讨论、训练,运用QQ群发布个人心得感悟和存在的困惑及疑虑	分层次教学;培养团队合作意识;进行点对点地辅导,保证每一个学生都能完成最低教学目标
二、微课2 1.自主学习新内容	明确本阶段学习任务单 如果学生对本部分知识内容理解较好,直接进入下一环节"微课3"	分层教学	分层次教学;培养团队合作意识;进行点对点地辅导,保证每一个学生都能完成最低教学目标
2.课堂检测学习效率	如果学生对本部分知识内容掌握有疑虑,学习微课2"经纬网判读方法"	观看微课,自主学习	
3.分层教学,团队合作（时间不定）	组织部分学生小组研讨、师生交互 根据学生情况,采取现场录制微课,点对点地发送,点拨学生疑虑	学生讨论;加强对本部分内容的理解 学生可在线提出自己的困惑及疑虑,生生互助,师生交互	

教学内容	教师预设	学生活动	设计意图
三、微课3 1. 自主学习新内容	明确本阶段学习任务单 如果学生对本部分知识内容理解较好,直接进入在线练习环节	观看微课,自主学习	随时关注学习平台学生提交作业的准确率和速度
2. 课堂检测学习效率	如果学生对本部分知识内容理解还有疑虑,请学习微课3"经纬网地图的方向判定" 在智慧学习平台上完成"方位的判定"的作业	独立完成作业	
3.分层教学团队合作(时间不定)	对学习能力较强的学生,加强训练难度;对学习能力较弱的学生,进行小组研讨、师生交互,再次观看本部分微课,理解后,当堂布置同阶作业 进入"判定地理坐标"练习题的检测阶段 对学习能力较强的学生,加强训练难度;对学习能力较弱的学生,进行小组研讨、师生交互,当堂布置同阶作业 根据学生情况,采取现场录制微课,点对点地发送,点拨学生疑虑 对在此基础上仍然学有余力的学生训练"比较范围的大小"(本部分作业,学习能力较弱的学生不作要求)	学生讨论、训练,运用QQ群发布个人心得感悟和存在的困惑及疑虑	分层次教学;培养团队合作意识;进行点对点地辅导,保证每一个学生都能完成最低教学目标
四、微课4 1. 自主学习新内容	微课4"最短航程的判断"课前学习 对学习能力较强的学生,在智慧学习平台上完成"判断最短航程方向"的作业	观看微课,自主学习	随时关注学习平台学生提交作业的准确率和速度
2. 课堂检测学习效率	如果仍然学有余力,加强训练难度;对学习能力较弱的学生,课堂上再次收看微课,组织小组合作研讨、师生交流及课下在线交互,不布置作业,相关基础作业在课下完成	独立完成作业 学生讨论、训练,运用QQ群发布个人心得感悟和存在的困惑及疑虑	分层次教学;培养团队合作意识;进行点对点地辅导,保证每一个学生都能完成最低教学目标
3.分层教学团队合作	根据学生情况,采取现场录制微课,点对点地发送,点拨学生疑虑		
布置作业	1.总结本节课学习内容,整理笔记 2.能轻松完成课堂相应练习的同学,请自主进阶训练,每个微课练习2~3题;对本部分仍有疑惑的同学,请观看对应微课,做同阶强化练习题,在线交互 3.自主学习下一个微课内容:"昼长(夜长)的计算方法",并完成相应的配套检测试题	明确课外目标	总结复习巩固;培养自主整理的能力;分层次教学,各有所得;新知学习

十一、课堂小结

学生进行概括总结(提示:从学习内容、学习心得、学习疑虑等角度来谈)。

教师:在本节课堂中,你想到了哪些需要的微课内容(包括与本节课相关的内容和其他部分的知识内容)? 请通过QQ和微信告诉我,我们共同合作完成后面的学习。

十二、教学评价

本书课例2015年初在安徽省蚌埠二中举行的蚌埠市首届智慧课堂观摩研讨会上,面向全市600多名教师展示的一节教学研讨课,也是首次利用无线覆盖技术、云平台技术和智能设备开展的综合性教学研讨课。会议邀请了一些知名的学者和专家前来观摩指导,非常荣幸地邀请到了华东师范大学慕课中心副主任田爱丽博士为本节课作教学点评。田博士从宏观上阐释当前翻转课堂教学过程中必须解决的四对关系,高屋建瓴地对本次活动予以提炼和升华。

(一)课前教学和课中教学的关系

翻转课堂是信息技术变革下的课堂教学。那么,课前教学的任务和重点是利用信息技术通过学习平台,学习微课,通过在线的交流互动,提交进阶作业。主要的学习形式是学生面对着电脑来学的过程和环境,侧重对基础知识点的学习。课中教学的任务是师生面对面交流的环境。两者的学习情境不一样,后者更侧重师生交流、生生交流。

课堂教学不是课前教学的放大版,课前教学也不是课堂教学的浓缩版。课前学习和课堂中学习的任务和重点是不一样的。课前学习通过微课完成知识点的识记和理解就可以了,它是属于比较浅层次的学习。课中教学解决学生自学学不会的内容,由师生交流的环境来解决知识的应用、分析、综合和评价,利用所学的知识解决问题。

(二)课前微课和课中微课的关系

老师要想一想微课是放在课前还是课堂中。课前微课侧重知识的讲解,而课堂中的微课侧重点不应该是教师的讲解。课中微课应该呈现出一些老师讲解所不能够达到的效果,以增强学生的体验等。

(三)信息技术形式的教学与传统的讲授式教学的关系

传统教学有弊端,但也有优势。课堂中,教师在课堂上有针对性地讲解是必要的,师生面对面的讲解更有其情境。如果在翻转课堂教室的前面放一块黑板或者白板,老师在上课时边讲边画效果会更好一些。老师对着平板讲,学生对着平板学,并不是最好的形式。

信息技术与学科教学的深度融合,与课堂教学的深度融合,并不是在课堂中时时刻刻地使用信息技术,PAD和互联网仅仅是为课堂教学提供了较好的便利的形式,在适当的时候使用。

(四)小组讨论合作与教师讲解的关系

教师的决策和作用是学生能学会的老师不讲,学生小组合作学习能掌握的老师不讲。但小组合作解决不了的内容课堂上需要讲解、精讲、重点地讲还是很必要的。如果很难的内容都让学生小组合作,如何知道通过学生合作交流就解决了这个问题呢? 以学生为主体,以老师为主导,发挥教师的主导作用,老师必要时候的精讲、提升、提醒都还是重要的。

本节展示课、公开课,教师做了充分的准备。如果常态课也这样上,老师的工作量和学生的学习量就太大了。学生不会的知识内容再做微课,再次推送给学生,常态化教学下,教师的工作压力就更大了。

十三、教学反思

本节课是笔者采取翻转课堂教学后的首次大规模教学研讨课,虽然在此之前笔者对翻转课堂有了些微理论学习和少许的翻转课堂教学实践,不过是管中窥豹罢了。在准备本节课期间,一方面,自己加强了对MOOC、微课、翻转课堂等方面的理论学习,借鉴了其他翻转课堂教学先行者的经验和教训;另一方面,基于任教班级自身的学情,同时结合个人的教学特点和教学经验,研究本班级翻转课堂的教学策略,最终尝试着采取了异步教学、合作探究、点线结合的课堂教学策略。

在本次教学研讨课中,笔者尝试着以下几点改进和创新:

从微课教学设计上来看,采取简化版与详解版相结合。简化版微课只明确学习任务单和该部分知识内容的网络结构,时间控制在6分钟以内;详解版则对学习任务单、具体知识内容,以及知识背后的能力培养过程作更加详实细致的分析,时间上可酌情增加,视学习内容而定。

在对学生观看微课的要求上,采取差异性教学。学生个体差异较大,少量学生对相应微课知识了解非常清晰,可鼓励学生跨过观看微课学习环节,直接进入进阶训练环节;还有部分学生对微课对应知识了解较好,可观看简化版微课;要求大多数学生观看微课详解版,而极少数理解能力较弱的学生可以多次观看同一微课,直达理解掌握之重点。采取微课的差异性教学模式,有助于因材施教,对学生而言,也能各取所需,按需学习。

从课堂教与学的环节上看,学生之间相互协作情况良好,存在疑问时能做到小组合作共同探究,掌握优秀的学生进阶到四星或五星级试题的训练,还有时间当堂观看下一知识点的微课,大大节约了优秀学生的学习时间,提高了学习效率。对后进生来说,一方面可以求助于周边同学,进行小组合作探究;另一方面可当堂与老师点对点地交流沟通,寻求帮助。在上课时,教师应重视面对面对学困生的指导,并在指导过程中录制微课,帮助其他同学完成相应知识的学习。

此外,在备课过程中,厘清教学思路,明确翻转课堂的教学流程,创造性地做好翻转课堂的教学工作,是上好本节课的基本前提。笔者结合自己的教学设计和教学理解,设计了翻转课堂教学流程图,如图1所示。该流程图突出体现了差异性教学、小组合作、分层次教学和家教式授课的特点。

反思本节课的教学过程和教学环节,笔者意识到仍有几点需要改进完善之处。

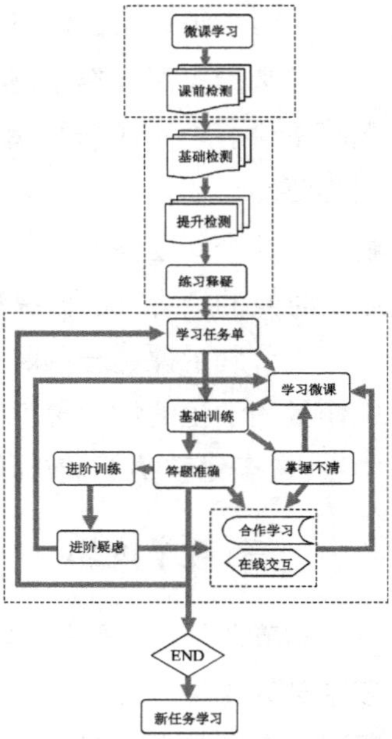

图1 翻转课堂教学流程

第一,以本节课为例,在自然地理知识教学过程中,对知识和能力的关注度过高,对知识获取的过程和方法侧重略显不足,且在情感态度价值观的渗透方面,引导痕迹过于明显,尚不能达到"润物细无声"的境界。

第二,学生在小组合作学习、探究学习方面的主动性和积极性不够,教师人为干预较为明显,且教师遇到这种情况发生时引导方法和策略不足,行政命令式的方法偏多,这样不利于学生正确学法的培养。

第三,在教学面向全体听课教师的情况下,部分教师不了解翻转课堂,或者对高中地理知识不熟悉,授课教师缺少课前教学思路的介绍和课中教学环节的目的解释。

当然,刚刚走上微课和翻转课堂道路上的笔者,在现今的翻转课堂教学过程中,不可避免地会遇到各种各样的问题,尚需在今后的教学道路上继续探索与实践。

"问题研究:为什么市区气温比郊区高"
教学设计①

沈珍连

(安徽省固镇县固镇一中)

一、教学设计

教学内容:为什么市区气温比郊区高
[教学目标] 1. 知识与技能 (1)认识什么是城市热岛效应,了解城市热岛效应产生的影响 (2)探究城市热岛效应产生的原因、影响及提出减弱城市热岛效应的建议 2. 过程与方法 (1)在所学热力环流原理的基础上,分析城市热岛效应产生的原因 (2)以探究学习方式进行问题研究。从"城市热岛效应示意图"中气温曲线分布特点发现问题,从景观图片中分析问题产生的原因,讨论问题会带来的影响 (3)通过分组合作探究与小组竞赛,学会团队协作和加强竞争意识 3. 情感态度与价值观 (1)培养学生科学研究的素养和态度 (2)帮助学生增强环保意识,树立可持续发展观
[教学重点]城市热岛效应的成因分析和改进措施
[教学难点]引导寻求城市热岛效应产生的原因和缓解城市热岛效应的解决对策
[教学方法]启发式教学法、小组合作探究法
[教具]多媒体课件

---

① 原课例荣获2011年安徽省高中地理优质课比赛一等奖。

教学过程		
教师预设	活动安排	设计理念
【视频导入】 **投影1:2010年7月8日CCTV新闻视频资料** [引入课题内容] (板书)问题研究:为什么市区气温比郊区高 学生回答:城市的热岛效应 **投影2:读"城市热岛效应示意图"** 1.描述图中气温曲线的分布有什么特点 (1)在郊外的广阔地区,气温变化较小,特别是植被覆盖率较高的地方,如农田和郊区的林区。气温变化如同"平静的海面" (2)城区气温变化较大,就像"突出海面的岛屿",特别是市中心为气温高值区,请同学们计算一下:在这幅图中,气温曲线变化幅度最大值大约是多少(33℃-29.5℃=3.5℃) 教师讲述:也就是说,以水泥建筑物为主的城区比以绿色植被为主的郊区气温相对较高一些。那请同学们总结什么是城市热岛效应 2.总结什么是城市热岛效应 (在城市的发展过程中,出现的市区的气温高于外围郊区的现象) 引申分析:从图中可以看出,热岛效应形成的原因是什么 学生回答:下垫面性质的不同 教师讲述:很好! 下面我们就以小组讨论的方式来分析市区和郊区在下垫面、大气环境热量、等方面的差异,思考城市热岛效应产生的原因 **投影3:首先,看一组图片** (学生发言)学生讨论3分钟,每组派一名学生代表发言 **投影4:归纳总结(教师总结)** **投影5** 1.对城市下垫面特性的影响 城市人工建筑物的影响。如混凝土、柏油路面、各种建筑墙面等,改变了下垫面的热力属性,这些人工建筑物吸热快而热容量小,在相同的太阳辐射条件下,其表面温度明显高于绿地、水面等 2.对城市大气污染的影响 **投影6** 城市的工业生产和人们的生活在燃烧煤炭、石油等化石燃料的过程中不断地向大气中排放二氧化碳等温室气体,能够强烈吸收地面长波辐射而使大气增温。城市中温室气体的含量明显高于郊区,所以温室效应更加显著,城市的气温就高于郊区	让学生观看视频,提醒学生注意发现问题 指导学生读图,同学之间相互讨论 学生根据刚才的分析,进行总结 指导学生读图,同学之间相互讨论 学生观看图片,然后进行讨论	借助视频,激发学生求知欲望,培养学生从材料中提取有效信息的能力 培养学生读图分析能力 培养学生的概括总结能力 培养学生逐步研究问题的能力 从学生的感性认识入手,提高到理性的分析。通过讨论,培养学生学会团队协作和加强竞争意识

投影7:人工热源的影响 城市中人们生产生活中的家庭炉灶、交通工具、制冷设备等向大气中排放出大量的人为热,直接使大气增温。而且大量的机动车辆、工业生产以及人群活动,产生了大量的氮氧化物、二氧化碳、粉尘等,这些物质可以大量地吸收环境中热辐射的能量,产生温室效应,使大气进一步升温	指导学生讨论	进一步提高学生学习兴趣,体会到"学习对生活有用的地理这一新课程理念"
[备用材料] (1)由于空气中存在着大量烟尘和各种气体污染物,因而在城市上空形成了云和雾。这些云雾在夜间减少地面的有效辐射,使得地面降温减缓。这些特殊的条件使城市具有"热岛效应" (2)城市有许多高楼大厦。重重叠叠的高楼大厦组成了庞大的人造屏障,当较冷的空气从郊区流向城市,这些人造屏障就会阻挡空气的流动,这样大部分冷空气就被阻挡在城市外面。这也是造成城市比郊区气温高的原因 (3)"热岛"的强度通常和城市大小有关。几万到十几万人口的小城市市区和郊区气温相差2℃~3℃;数十万人口的中等城市,市区和郊区相差3℃~5℃;而数百万人口的大城市,市区和郊区气温可相差5℃以上 (4)"热岛效应"反过来又使城市耗电及用水量大增,夏天要想降低1℃比冬天升高1℃用电量要大得多。这样,又要耗掉大量能源,造成更多废热,进一步加强"热岛效应"及其他气候效应。 (教师讲述)据估算,城市白天吸收储存的太阳能比乡村多80%。到了晚上,城市降温缓慢,因此夏季前半夜便仍感闷热。还有,晴天的夜间城市上空常有逆温层存在,它阻碍了热量向高空扩散 教师讲述:市区中心温度高,气流上升,郊区温度低,气流下沉,在同一水平面产生气压差,使得上空气流由市中心流向郊区,在近地面气流由郊区流向市中心,这样就形成了城市热岛环流		
投影8:城市热岛效应的可能影响 1.形成热岛环流 2.对市区大气污染的影响 3.影响人类健康 (学生活动)让学生小组合作探究讨论3分钟,然后小组自由发言 (教师总结)	分组讨论	分组讨论,既让每一位学生参与课堂活动,同时也培养了学生的合作意识和能力
投影9 1.形成热岛环流 (投影图片) 市区中心温度高,气流上升,郊区温度低,气流下沉,在同一水平面产生气压差,使得上空气流由市中心流向郊区,在近地面气流由郊区流向市中心,这样就形成了城市热岛环流		

2.加剧城市的大气污染 虽然在城郊之间形成热岛环流,但每天城市里生活生产过程中产生的大量污染随市区上升气流上升,由于受到高层建筑物的阻拦和城市建筑物过于密集和城市面积太大,远离郊区的森林等原因,污染空气就只能沉积聚集在污染源附近,城市上空的污染物难以通过流向郊区而扩散出去,这就进一步加剧了城市的大气污染 **投影10:阅读材料** 3.影响人类健康 医学研究表明,环境温度与人体的生理活动密切相关。若环境温度高于28℃时,人们就会有不舒适感;温度再高就易导致烦燥、中暑、精神紊乱等;气温高于34℃时还可能会使心脏,脑血管和呼吸系统疾病的发病率上升,死亡率也会明显增加。此外,高温还可以加快光化学反应速率,引起光化学烟雾等,也会提高大气中有害气体的浓度,会在很大程度上影响人类的健康 **投影11:减弱城市热岛效应的对策** (学生活动)学生按小组分角色(如政府官员、城市规划者、企业家、普通市民),自主讨论3分钟,学生自由发言 **投影12:(教师总结)** 城市规划者:控制城市人口规模, 　　　　　　改善城市的布局, 　　　　　　增加水面绿化, 　　　　　　路面保水透水装铺…… 企业家:清洁能源, 　　　　提高能源利用率, 　　　　减少大气污染物排放…… 普通市民:绿化自家阳台或楼顶, 　　　　　减少高耗热电器的使用, 　　　　　房子外装修时浅色调为主…… 1.改变城市下垫面,增加绿化和水体面积 每公顷绿地平均每天可从周围环境中吸收81.8兆焦耳的热量,相当于189台空调的制冷作用。园林植物光合作用,吸收空气中的二氧化碳,一公顷绿地,每天平均可以吸收1.8吨的二氧化碳,削弱温室效应。此外,园林植物能够滞留空气中的粉尘,每公顷绿地可以年滞留粉尘2.2吨,降低环境大气含尘量50%左右,进一步抑制大气升温。水的热容量大,在吸收相同热量的情况下,升温值最小,表现出比其他下垫面温度低 此外,水面的吸热快,可以降低水体的温度,从而在一定程度上降低大气的温度。因此,增加城市绿化和水体面积可以很好地缓解城市热岛效应所产生的影响	 按角色分组讨论	 通过阅读,使学生认识到要用辩证的观点来看待问题 鼓励学生合作探究、参与竞争,充分激发了学生的主动意识和进取精神,让课堂活跃起来

2.降低建筑物的密度,主干道和盛行风方向一致 在城市建筑物规划时,要结合当时的盛行风向进行规划。如河源在亚热带季风区的范围内,夏季主要盛行东南风,冬季主要盛行西北风,所以主干道可以呈东南走向这样可增加空气流通有利于污染物的扩散 3.减少温室气体的排放量,减少人工废热。倡导人们出行多坐公交车或骑自行车,尽量少用私家车,积极发展和完善公共交通系统,大大减少汽车尾气的排放。鼓励商业、宾馆、办公楼等采用中央空调减少热量的排放。在气温较低的城市大力推广集中供热,提高热源的能源的利用率,减少热量的散失和释放,从而可以很好地降低热岛效应的强度 4.把高耗能和污染严重的工业布局在城市环流圈外,就可以分散城市的热源,减缓城市的大气污染现象 [课堂小结] 在这次的自主探究活动中,同学们都表现的很好。我希望大家把我们的想法付诸实践,共同创建美好家园 **投影13** 只说没用,让我们付诸行动,作为新兴合肥市一名中学生,让我们以倡议书的形式向新兴市民倡议。倡议书的主题是:"缓解热岛,从我做起"。请同学们呈现倡议书与大家分享,之后由大家一起评价 【教师总结】 我们相信如果每个人都能够重视起来,在大家的努力下,众多城市将越来越适宜居住,将会有更多的城市入选魅力城市行列 **投影14:课件展示受欢迎的魅力城市——合肥**	鼓励学生参与社会实践活动 图片展示	通过练习,让学生诠释地理新课改精神,学习身边有利的地理知识,并用于生产和生活 帮助学生增强环保意识,树立可持续发展观

二、教学反思

(一)教学效果评价

　　本节课教学严格按照新课程标准要求,在上课的过程中充分体现学生主体、教师主导的教学原则,也是对学生探究学习过程及成果的检查。为保证在整个问题探究的过程中学生始终保持高涨的热情,笔者在课堂中利用了各种教学方法和教学方式,充分调动了学生的学习积极性,也体现了学生的主体地位;让学生扮演不同的角色,让学生从问题的各个角度、站在不同的立场上去发现问题、分析问题、解决问题;并在课堂中及时鼓励学生,让他们不断体验成功,找到自信。

(二)学法指导

采用学生小组合作学习的方式,在资料收集、整理与分析、解决地理问题整个过程中开展探究活动,采用角色扮演、分组等多种形式在课堂开展活动,培养了学生的合作意识和竞争意识,让学生在活动中充分体会到成功的喜悦。

(三)联系生活

本堂课从学生身边的生活实际及已有的学生生活经验与体验出发,开展问题探究学习,让学生在探究活动中体会到学习的乐趣,提高地理学习的兴趣。

(四)情感态度价值观的渗透

通过组织学生收集、整理有关城市热岛效应资料,分析资料,寻求缓解城市热岛效应的对策,使学生增强了环保意识,帮助学生树立可持续发展观,从课堂教学的开始展示合肥市的景观图片到课堂结束再次感受合肥的美景,让学生思考合肥城市建设带来的变化,培养学生热爱家乡的情感。

(五)存在问题

由于课堂时间的限制,小组活动的时间也受到了限制,对问题探究的广度和深度没有达到预期的效果;设计的部分问题有点难度,没有达到面向全体学生的要求。

"水资源的合理利用"教学设计①

刘继英

（安徽省五河县第一中学）

一、课标要求

以某种自然资源为例,说明在不同生产力条件下,自然资源数量、质量对人类生存与发展的意义。

二、三维目标

1.知识与技能

(1)通过数据和读图分析说明水资源的概念及其衡量指标。

(2)通过分析图表资料认识世界和我国的水资源状况,提高学生的分析图表的能力。

(3)使学生认识到随着生产力的不断发展,水资源的数量、质量对于人类发展的重大意义。

2.过程与方法

通过案例分析,使学生学会分析水资源的数量、质量对人类生存与发展的意义,总结水资源危机产生的原因,并归纳基本的水资源合理利用措施。

3.情感态度与价值观

树立珍惜和保护水资源的意识,懂得基本的水资源可持续利用策略。

三、教学重点

(1)水资源危机产生的原因。

---

① 原课例荣获2012年安徽省地理课堂教学数字课程资源评选三等奖。

(2)合理利用水资源的措施。

四、教学难点

能说明在不同的生产力条件下,水资源的数量、质量对人类生存与发展的意义。

五、教学媒体

多媒体教学课件。

六、课时安排

2课时。

七、教学过程

[引入新课]同学们都知道水资源对于人类生存与发展的意义重大,但它的重要性具体体现在哪里,我们可能没有特别深刻的感受。下面的一组数据会让我们非常震撼。

世界上200多个国家和地区中有120多个缺水,其中严重缺水的有28个。而我国669个城市中供水不足的达400多个,其中较严重的水资源短缺城市已超过110个。联合国的统计数据表明,目前世界上每八秒钟就有一名儿童死于与不洁净水有关的疾病。

[过渡设疑]面对这样的一组数据,我们不禁要问,世界真的没水了吗? 什么样的水才能称为水资源呢?

[屏幕显示]水资源的概念及可利用的水资源情况。

[讲授知识]广义的水资源是指水圈内的水量总体。我们通常所说的水资源是陆地上的淡水资源,这是狭义的水资源。在这部分水资源中,目前条件下我们并不能全部加以利用,目前人类比较容易利用的淡水资源是河流水、淡水湖泊水和浅层地下水。它们的储量仅占全球水体总量的十万分之七。可见我们可利用的水资源是十分有限的。

[过渡设疑]了解了什么是水资源,我们不禁要问我们所拥有的水资源分布状况如何呢?

[屏幕显示]世界水资源分布图和世界各大洲水资源图。指导同学们读图,

先看图例,并思考世界水资源分布不均的这一特点,并迁移扩展到其他自然资源也存在分布不均的特点。

[合作学习](1)径流量、降水量、蒸发量之间有什么关系?(2)水资源最丰富和最少的洲各是哪一个? 你的衡量指标是什么?

[参考答案](1)通过分析得出结论:径流量=降水量－蒸发量。(2)一个地区或者一个国家水资源丰歉程度的衡量指标:多年平均径流总量。

[过渡设疑]大洲是由国家和地区组成的,各大洲水资源分布不均,不同国家水资源分布也是不均的,那么水资源丰富的国家是哪些呢? 同学们想知道吗?

[屏幕显示]世界和六个国家的水资源资料表、长江径流量的季节变化图以及中国水资源分布图。

[小结过渡]从世界上看,水资源的分布有明显的地区差异,即数量上的差异,不仅如此,水资源在质量上也存在不同程度的差异。我国水资源分布也存在不同程度的差异,时间分配不均,夏秋多,冬春少;空间分布不均,东多西少,南多北少。那么水资源的数量和质量对人类活动会产生什么样的影响呢?

[屏幕显示]中国水资源分布图和中国人口密度图。

[思考]我国水资源的分布与我国人口分布有什么关系?

水资源丰富的地区一般人口稠密,反之人口稀疏,如我国江南地区与西北地区。我们知道有人类的地区才有经济活动,人口稠密的地区经济活动的规模一般很大。因此,我们是不是可以得出这样的结论,水资源的数量影响经济活动的规模。

[过渡设疑]水资源不仅从数量上影响经济活动,从质量上对经济活动也有影响,是怎样影响的呢?

[屏幕显示]五河县省级自然保护区沱湖及螃蟹图片。

[思考]看着熟悉的图片我们不禁感到自豪,沱湖湖岸弯曲,水质无污染,湖底水草丰茂,浮游动植物种类较多,优质的水资源环境为螃蟹的生长提供了良好的物质基础,使沱湖盛产的清水大闸蟹以其肉质鲜美而远近闻名,被评为中华十大名蟹。每年近100吨销往常州、无锡、上海及港澳台等地市场,并出口到日本、韩国,创造了良好的经济效益。因此说水资源的质量会影响经济活动的效益。

[过渡拓展]水资源数量和质量对人类活动的影响很大,不仅如此,其他的

自然资源数量和质量对人类的生存影响也很大,例如,世界的主要能源——煤炭,尽管其能源地位不如石油,但在今后相当长的一段时间内,由于石油日渐枯竭,而煤炭因其储量巨大,加之科学技术的飞速发展和煤炭汽化等新技术日趋成熟,并得到广泛应用,煤炭必将成为人类生产生活中的无法替代的能源之一。在我国,煤炭是最重要的能源。山西省大同市因出产煤质好、发热量高、低灰低硫的优质动力煤,被称为中国的"煤都"。

[过渡]水资源数量和质量对人类活动的影响很大,而人类活动对水资源的数量、质量方面也产生了很大的影响。

从前面的分析中我们可以知道,常用水资源仅占地球水体总量的十万分之七,说明水资源在数量上是有限的,而从分布上看又是不均的,同时随着人口的增加,人类对水资源的需求量增大,水资源在数量上短缺。

[过渡设疑]从质量上看人类对水资源产生了什么样的影响呢?

[屏幕显示]蚌埠城市水荒和五河县玉带河污染图。说明人类活动污染水资源,使可用的水资源减少,进而影响人类本身。

[总结归纳]

$$经济活动的规模 \Leftarrow 数量 \begin{cases} 有限 \\ 分布不均 \\ 需水量增加 \end{cases} \Bigg\} 水资源危机$$

$$经济活动的效益 \Leftarrow 质量:污染严重$$

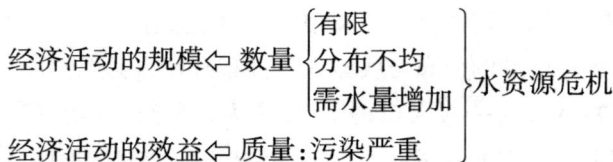

[过渡设疑]水资源危机的实质是随着人类社会的发展,水资源的数量、质量不能与其需求相适应。面对日益严重的水资源危机,水资源的合理利用就显得非常重要。到底如何合理利用水资源?上一节课通知同学们提前预习以色列和咸海的相关内容,下面请同学们听听有关这两个地区在水资源利用上的不同,同时请各组同学思考相应的问题。

[播放音频材料]咸海、上帝和智者的对话。

[合作学习](1)咸海忧虑产生的主要原因是什么?(2)从对话中分析以色列的水资源具有什么特点?(3)以色列采用什么方法创造了奇迹?(4)如何消除咸海的忧虑?

[参考答案](1)自然原因:气候干旱,降水少,蒸发旺盛;近年来气候变暖使蒸发量增大。人为原因:人口增加,需水量增大,大量引用阿姆河和锡尔河,使入湖水量减少。

（2）数量：总量小，人均少；分布：空间分布不均，北多南少，时间分配不均，冬多夏少。（3）实施海水淡化，采用先进的节水灌溉技术，强化废水再利用。（4）采用先进的节水灌溉技术；适当退耕还草、还牧，种植需水量少的作物。

　　[总结归纳]咸海忧虑的产生体现了地理环境的整体性，表现为某一要素的变化会导致其他要以至整体环境状态的变化，即具有"牵一发而动全身"的效应。因此就要提醒人类在利用自然资源的时候要充分考虑对环境的影响。

　　以色列使水由少变多的做法实际上可以归纳为两方面：开源，即增加水资源数量——海水淡化；节流，即提高水资源利用效率——采用先进的节水灌溉技术和废水再利用。

　　[过渡设疑]上帝要求制订出一套完整的、可供借鉴挑选的方案，如何制订才能保证人类与资源环境的和谐，实现人类的可持续发展呢？引导学生结合水资源危机产生的原因从开源和节流两方面分组讨论归纳。

　　（1）开源：合理开采和提取地下水，修筑水库，跨流域调水，海水淡化，人工增雨，防治水污染。（2）节流：加强宣传教育，提高公民节水意识；实行阶梯水价；收集废水冲马桶、拖地；少用洗洁精和洗衣粉；重视并改进农业灌溉技术，提高工业用水的重复利用率。

　　[承转过渡]以上是水资源合理利用的一般措施，由于不同地区水资源问题及产生的原因不同，自然和社会经济条件不同，因此在制订科学的用水战略时，要充分考虑当地的状况，即遵循因地制宜的原则。其实不仅水资源如此，在利用其他自然资源时，也可以从开源和节流两个方面因地制宜地制定合理的措施，只有这样才能实现自然资源的可持续利用。

　　从合理利用水资源的一般措施中我们可以看出科学技术的力量不可忽视，那么，在科学技术落后的时代，人类又是如何利用水资源的呢？

　　[屏幕显示图片]世界古文明的发祥地；2000多年前罗马人建水渠发展农业生产；1870年美国大平原移民抽取地下水种植农作物；20世纪50年代海水淡化进入商业化生产阶段。

　　[总结归纳]通过读图引导学生得出结论，不同生产力条件下，水资源对人类的影响程度不同，科学技术的进步使水资源对人类社会的制约作用越来越小，尽管如此，合理利用水资源和其他自然资源仍然非常重要。

　　[课堂总结]

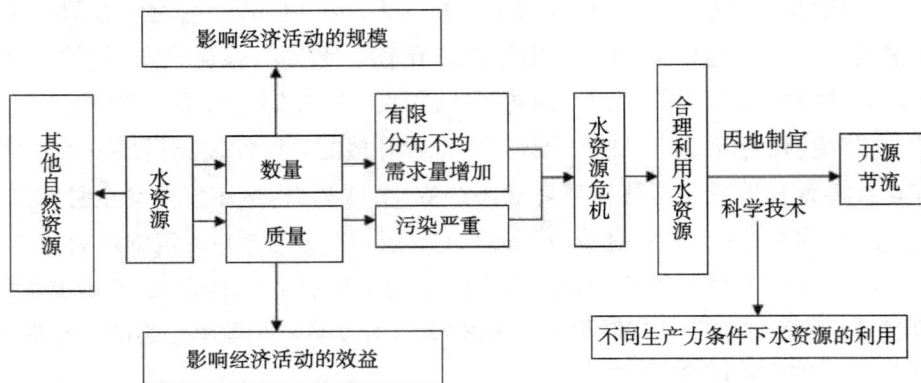

[课后探究](1)分析我国水资源供需矛盾的形成原因及解决途径。(2)针对我国北方城市缺水严重的局面,搜集资料谈谈你的对策。(3)水资源对于人类的重要性毋庸置疑,我们在日常生活中如何才能切实有效地节约水资源呢? 请同学们认识国家节水标志,它告诉我们,节水需要公众参与,需要人人动手节约每一滴水,手像一条蜿蜒的河流,只要我们行动起来,滴水终将汇成江河。

八、教学反思

"水资源的合理利用"是人教版高一地理必修一第三章第三节的教学内容,本节内容在知识的学习上难度不大,但在能力培养和情感态度价值观的培养上要求较高,反思教学设计和课堂教学,有以下几点思考:

1.注重课标研读,指导教学设计

钻研课标,深入了解课标对教材的指导作用,是上好一节课的关键。本节课的课程标准是"以某种自然资源为例,说明在不同生产力条件下,自然资源的数量、质量对人类生存与发展的意义"。行为动词是"说明",属于理解层次的要求。行为条件是"以某种自然资源为例",对学生达到要求所采用的方法进行了限定,即要通过分析案例来得以实现。基于这点,教学中不仅重点以水资源为案例,也可以拓展到其他自然资源,如煤炭等。

2.仔细分析教材,用教材教学生

新课程教学强调"用教材教"而不是"教教材"的观念,提倡教师依据课程标准灵活地创造性地使用教材。本节教材虽思路框架清晰,但篇幅较长,案例较多。在教学中进行了取舍并调整顺序,把不同时代人类对水资源的利用状况这一部分调整到最后,以强化课标要求,引导学生建立知识框架。

3.设计教法学法,符合学生实际

教学方法侧重于信息技术与学科整合的多媒体辅助教学,大量图文资料的展示给学生以直观的印象,弥补了学生日常观察体验的不足。"咸海的忧虑"音频材料的使用,既节省了学生当堂表演的时间,提高了课堂教学效率,使教学过程更加顺畅,又能"润物细无声"般地帮助学生建立知识框架。

4.运用乡土地理,贴近学生生活

美国心理学家、教育学家杰罗姆·布鲁纳曾说过,学习的最好刺激是对学习材料的兴趣。例如,采用五河县沱湖螃蟹、蚌埠城市水荒和五河县玉带河污染的案例,贴近学生生活实际,容易引起他们的关注,激发他们的学习热情。同时,体现了"学习对生活有用的地理,学习对终身发展有用的地理"的地理课程理念。

5.设计学生活动,体现主体作用

学生获得知识,应该建立在自己思考的基础上;学生应用知识并逐步形成技能,离不开自己的探索。在本节内容的教学中,除了较为常规的独立思考、合作学习活动外,还利用学生参与录制的音频材料思考咸海的问题,使学生更多地参与到课堂中,充分调动了学生的主体意识。

6.教学立意较高,渗透因地制宜的原则

咸海忧虑的产生体现的是地理环境的整体性原则,并渗透人水和谐的思想,启示我们在制订不同地区的用水策略时,要遵循因地制宜的原则,唤起学生珍惜和保护水资源的意识。

本节的教学虽然经过精心设计,但还是存在一些不足。

1.本节教学是在没有进行课前导学的情况下进行的,教学过程中较多地依赖多媒体的使用,没有让学生通过实践活动收集水的各方面资料,没有让学生在对"水"问题进行挖掘的同时,拓展他们的视野,增强学习的体验,理解水与人类的密切关系。

2.教学中与学生之间的对话过于严肃,缺乏亲和力。对话是营造课堂活跃氛围不可缺少的手段,课堂中的对话不仅是信息的交流,更是情感的交流。正是因为对话的亲和力不够,使教学气氛还不够活跃,进而影响教学效果。

3.教学中的预设和生成之间的桥梁搭建不足,使结论的得出略显生硬,这是由于在设计时对学情分析不足,不能很好地从学生角度设计问题。

"农业"教学设计[①]

匡昌林

(安徽省蚌埠市高新教育集团实验中学)

一、教学设计

[教学目标]	(1)农业对我们生产生活的影响及其重要意义 (2)结合农业分布图,总结我国农业的地区分布特点
[教学重点]	(1)农业的部门和农业的重要性 (2)我国农业的地区分布中东西方向和南北方向的差异
[教学内容分析]	紧扣课程标准的相关要求,本节教材选择了突出现代农业状况的四个方面的内容——"农业及其重要性""我国农业的地区分布""发展农业要因地制宜"和"走科技强农之路"。笔者选择"农业及其重要性"和"我国农业的地区分布"作为第一课时授课内容 "农业及其重要性",教材首先利用几张图片和简短的文字介绍了农业的概念和简单分类;其次通过一位农村中学生和一个大学生的对话说明了国家对农业的重视,通过阅读材料介绍了现代农业的多元化发展趋势和发展前景;最后,通过活动设计让学生了解我国农业的重要性。活动分两步:第一步,通过引导学生举例,从实际生活中感知农业的重要性;第二步,突出我国的人地矛盾,我国用占世界7%的耕地养活了地球上约20%的人口,让学生运用资料,寻找证据,进一步认识农业对我们这个人口大国的重要性 "我国农业的地区分布",教材首先利用地图将我国的东西部地区作了对比,包括自然条件和在此条件下发展起来的主要农业部门。在此基础上,又将我国东部地区的种植业作了南北方的对比,包括耕地类型、主要农作物和作物熟制,进一步了解我国农业的地区差异,这种差异又形成了具地方特色的饮食文化(阅读材料)
[教学难点]	我国农业的地区分布中东西方向和南北方向的差异
[教学方法]	启发式讲授合作探究
[教学课时]	第一课时

---

① 原课例为吴岱峰名师工作室2014年组织的送教下乡教学研讨课。

教师预设	学生活动	设计意图
【引入新课】 创设情境引入,假设某美食电视栏目组想在全国海选出发地,要求这个地方有一定的文化积淀、在地理上有其重要的意义,当然还要有品种丰富的美食。结果选中了怀远的荆涂风景区,请同学们寻找这片区域里的美食。展示"白莲坡贡米""怀远石榴""淮王鱼""五岔烧鸡"图片,并配上文字介绍和语言讲解 【板书】 第二节　农业 【美食探源】 师生合作寻找上述四种美食来源于农业的哪些部门 【教师讲解】 介绍农业的四个部门及农业的相关概念 【板书】 种植业、畜牧业、林业和渔业 【学生活动】 1.借助中国地形图介绍三条摄制线路 "南方线路"(蚌埠→上海→广州) "东北线路"(蚌埠→北京→哈尔滨) "西北线路"(蚌埠→兰州→乌鲁木齐) 2.展示三路摄制组发回的相关报道 "南方线路"(这里被列入"国际湿地保护名录",人们习惯把这里形容为"北大荒",因为以前这里沼泽遍布,林海茫茫。新中国成立后,辛勤的耕耘使得这里变成中国重要的优质水稻生产基地,著名的蔗糖产地……) "东北线路"(一组有关畜牧业的景观图片) "西北线路"(一段江南水乡的"垛田"风光视频) 3.在空白的中国地形图上完成下列问题 (1)请在中国地形图上画出400 mm等降水量线 (2)标出秦岭和淮河的位置,并说明该界线在气候方面的重要意义 (3)利用中国地形图在图中合适位置写出以下地形区名称:东北平原、华北平原、长江中下游平原、青藏高原、内蒙古高原、天山山脉 4.请判断以上三个摄制组发回相关报道的准确性 【教师总结】 对同学们的作图和填图情况进行点评,并指出三个摄制组所发回相关报道的正误。	猜测图片是哪个地方?举例说明当地的美食 积极与老师配合,共同学习农业的相关知识 认真观察三条线路所经过的地区,完成空白地形图的填写,判断三组报道材料的正误	借助当下流行的电视节目和接地气的乡土地理课程资源,激发同学们的学习兴趣和探究的欲望;同时,引入新课 了解种植业、畜牧业、林业和渔业这些农业部门和农业生产的相关特点 复习巩固前面学习的知识点,总结分析我国南北和东西自然环境的差异,为讲解我国农业部门东西差异和种植业南北方的差异做好铺垫工作。同时,培养同学们的地理作图能力和读图观察分析能力

【教师讲解】 （1）结合"中国主要的畜牧业和种植业分布图"讲解我国四个农业部门的分布情况 （2）结合"中国东部地区的农作物分布示意图"讲解我国种植业的南北差异 【品尝美食】 播放一段关于"蟹黄包"的美食视频 【学生活动】 完成课本第92页的活动，例举农业对我国的影响，并感受我国农业所取得的巨大成就 【过渡】 节目组历时一年，节目终于杀青，所有成员又回到荆涂风景区举行庆功宴，会上有人提出其实我们可以发展现代多元农业，促进当地的经济发展 【学生活动】 阅读课本第92页的材料，并结合身边具体的实例加以说明 【课堂小结】 对本节课知识点进行回顾，完善板书设计 【课后习题】 请问将图片中种植业和林业的分布地点进行互换可否	结合老师的讲解，修改订正自己的地图，验证自己的判断 认真聆听，仔细读图 欣赏视频中美食 例举农业与生活生产的关系 了解多元的现代农业，从身边寻找案例素材 与老师积极配合，回忆本节课的知识要点 积极思考，认真分析	 通过总结让同学们明白自己做图的对与错，找出自己做错的原因 落实本节课教学中的重点，建构"我国农业分布特点"知识点 感受中国饮食文化的博大精深，同时，引入农业与饮食之间关系的话题 感受农业的重要性，树立国家自豪感，进行情感态度价值观教学目标渗透 承转过度，与开篇形成呼应 知识延伸，体现地理的"实用性"特点 教学过程的完整性，完善板书也起到画龙点睛的作用 为第二课时教学埋下伏笔，营造"课已完，意未尽"的氛围

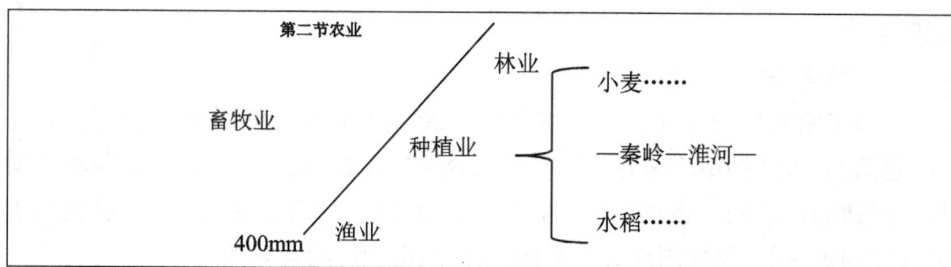

```
第二节农业
                        林业        小麦……
畜牧业
                  种植业      —秦岭—淮河—

      400mm    渔业              水稻……
```

二、教学反思

情景创设、乡土引入，资源整合、全员参与。

1.教学目标落实

（1）了解我国农业发展情况。对应本条教学目标，在引入新课环节，笔者选取了怀远当地的美食来讲解农业的四个部门；之后讲解农业概况；最后，笔者选取一段"蟹黄包"的经典视频，以同学们最关注的"食"为突破口，激发同学们的学习兴趣，调动同学们参与课堂教学的积极性，紧接着安排一组活动题，以推动教学目标的达成。从教学实践过程来看，较好地完成了这一项教学目标。

（2）运用资料说出我国农业分布特点。对应本条教学目标，笔者安排了一组活动题，采用倒叙的方式，即先揭示成因，后讲解现象。笔者印制一张空白中国地形图使学生人手一份，结合活动要求，在图上比较南北方和东西部在降水、气温和地形等方面的不同，掌握它们主要自然地理环境的差异，然后结合畜牧业和种植业分布图等，讲解我国农业分布特点，这样学生更容易接受。通过教学实践检验来看，绝大部分学生都完成了填图任务，在讲解农业部门分布时，学生在笔者的引导下基本都能说出农业的分布特点，所以本条教学目标达成度较高。

2.学生的参与度

由于本节课在设计时采用了故事性的叙述方法，同时，为每名同学提供参与课堂教学的条件，基本做到了人人想参与、人人能参与、人人可参与，无论是参与的广度，还是参与的深度，都比较理想。

3.学生的学习状态

开始笔者与学生都稍显紧张，随着课堂教学的不断推进，在笔者积极引导和不断鼓励下，学生学习的状态也渐入佳境，课堂气氛不断活跃，许多学生敢于发表意见，难能可贵的是许多学生还露出了快乐的笑容，透过眼神能感觉到他们的专注。

4.教学特色

(1)课堂教学的整体设计。本节课的教学设计,以一个美食栏目制作为主线,包括"筹备""拍摄""杀青"三个环节,故事的完整性强,所以课堂各版块的衔接与过渡非常顺畅。在教学素材选取时开篇使用了"荆土风景图片",课堂结束时又使用了"荆土风景图片",首尾呼应,体现出设计的整体性。

(2)乡土资源的开发利用。由于授课对象是怀远农村的同学,笔者在教学设计时选择了大量的怀远的乡土地理素材,如荆土风景图片、白莲坡贡米、怀远石榴、淮王鱼、五岔鸡等,这些素材就来源于他们的生活,学生学起来特别有兴趣,对于教学效果的达成大有裨益。同时,选取乡土地理素材还有利于学生更好地认识自己的家乡,可以很好地开展爱家乡情感教育。

(3)教材的再加工和二次整合。教材在教学过程中地位如何? 作用是什么? 笔者认为教材只是师生手中的一个案例而已,我们要学会用教材,而不是仅仅教教材。本节课教学内容主要是"农业及其重要性"和"我国农业的地区分布","农业及其重要性"这一板块主要讲了"农业"和"农业重要性"两方面的知识,"我国农业的地区分布"重点讲的是"农业分布",如果按照教材的编写顺序进行教学设计,很难把"农业""农业重要性""农业分布"三方面的知识点有机整合到一起,如果把"农业分布"放在"农业重要性"前面讲,这样就会显得比较顺畅,也比较有利于学生的学习。

教材是面向全国各地的,因此很难照顾到区域的差异性,许多图片、材料的选取离学生生活的区域比较远,难以激发学生的学习兴趣。因此,对教材进行再加工和二次处理是必要的。

(4)板书设计。板书设计要能简练地、系统地体现教学内容,以明晰的视觉符号启迪学生思维,提供记忆的框架结构。

5.问题与对策

教学过程中对于个体关注度不够,未能及时对学生答题情况进行反馈,导致笔者对于学情和学习效果未能全面掌握,不能做到有的放矢。课堂教学过程中教学时间分配不够合理,引入新课时间过长,在讲解农业部门具体分布时时间投入较少,所以对林业和渔业的讲解不够详细。

本节课的课程标准是:"运用资料说出我国农业分布特点。"而在实际教学过程中笔者把"说出"提高到了"说明",这对学生的能力要求和知识基础要求较高,但乡村学生的地理基础和地理学习能力相对不足,这样许多教学活动开展的效果不够理想。这说明授课教师对于学情的分析不足,准备不够充分。

　　针对以上问题,笔者认为在今后教学过程中应加强互相听评课活动,重视教学反思环节的作用。对于学情的分析要借助于一些理论书籍进行研究,加强不同区域和不同层次学校教师的交流,积累相关宝贵经验,更好地指导教学活动。

"城市化"教学设计①

李　彩

（安徽省蚌埠市第十二中学）

一、教材版本

高中地理人教版必修二第二章"城市与城市化"第三节"城市化"第一课时。

运用有关资料，概括城市化的过程和特点。课标关注学生知识获取的过程，以及在此过程中能力的锻炼，重在对资料的分析，此处的资料包括文字说明和课文中提供的插图，个人认为后者的分析更为重要。本文的插图主要有两种：一是抽象的变化示意图——曲线图，它反映的是事物随时间所发生的变化，读这类图时要引导学生注意横坐标和纵坐标的含义；二是景观图，通过对这类图的分析来解释一些现象产生的原因。

二、教材分析

本节内容是第二章"城市和城市化"的重要内容之一，它与前两节的联系非常密切，即城市化就是城市内部空间结构的形成和不断完善的过程，也是城市等级的提升过程和一个区域内城市等级体系的形成过程。另外，城市化还与第一章的人口迁移密切相关，大量人口从乡村迁往城市就是城市化的一个表现（若迁移方向相反，则为逆城市化）。

三、学情分析

教学对象是高一学生，他们已经学习了必修一自然地理的内容，具备了一定的自然地理知识，对于他们而言，进一步学习人文地理知识，对构建完整的地

---

① 原课例荣获2015年蚌埠市高中优质课评选一等奖。

理知识体系,形成良好的人文地理素养有极大的帮助。

四、课前准备

通过前面的微课学习,学生对城市化已经有了初步的认识,本节课的重点在于解决学生在课前学习中所遇到的问题,加强学生对新知识的理解和应用。

五、教学目标

1.知识与技能

了解世界城市化的进程;理解城市化的含义及主要标志;理解发达国家与发展中国家在城市化发展中的差异。

2.过程与方法

(1)引导学生通过分析、比较来区别发达国家与发展中国家在城市化发展中的地区差异性,从而培养学生应用比较法分析问题的能力。

(2)通过阅读城市化的阶段图,掌握基本读图技巧,并能够运用图来分析城市化不同阶段的特点。

3.情感态度与价值观

激发学生探究家乡城市化、关注身边地理的热情。

六、教学重点

城市化进程的阶段性;城市化的地区差异性。

七、教学难点

(1)了解世界城市化的进程和特点。
(2)认识发达国家和发展中国家城市化发展的差异。

八、教学方法

读图分析法、小组合作学习法、多媒体辅助教学法。

九、教具准备

多媒体课件及相关材料。

十、教学过程

(一)新课导入

展示蚌埠地区十年前和十年后的图片,由图片内容的对比来说明城市外貌的变化,从而引出城市化这种现象。

(板书:第三节　城市化)

分析学生课前任务单完成情况,集中呈现学生学习过程中所出现的问题,围绕问题展开课堂教学活动。

1.环节一:城市化之认识篇

学生读"世界城市化进程"示意图,结合英国案例,自主学习,完成下列表格:

城市化阶段	水平	发展速度	地域扩展趋势	常见的问题	其他
初期阶段					
中期阶段					
后期阶段					

学生自己判断对错,教师适当补充。

2.环节二:城市化之走进篇

(过渡)不同国家城市化发展状况各不相同,他们彼此之间有什么差异?

(1)学生阅读课本图2.18"世界城市化水平的提高图",对比发达国家和发展中国家的差异(从城市化的起步、水平高低、发展速度等方面比较)。学生代表发言,其他学生纠错,教师适当引导说明。

(2)教师呈现1950年和2000年世界人口最多的城市分布材料,让学生感受城市化的主趋势已由发达国家转移到发展中国家,引起学生关注。

(过渡)目前,就世界范围来说,城市人口所占比重已上升到百分之五十左右,有近一半的人居住在城市,不同国家的城市化进程各不相同,他们的未来会一样吗?

3.环节三:城市化之预测篇

小组合作探究:查阅资料,了解中国、美国、巴西、印度的城市化发展状况,写出其各自所处的阶段、发展特点和面临的问题,对其未来发展趋势进行预测,并分组发言。

引导学生了解蚌埠,畅想未来,关注身边地理事实,分析身边地理现象,学以致用。

4.环节四:城市化之检测篇

教师展示题目,现场检测学习效果。

(二)课堂总结

工业在发展,城市在进步,社会在飞越,城市化的脚步也越来越快。城市化是不是越快越好,是不是有利而无害呢,课后请同学们调查一下你所在的城市人口和城市用地数据,分析近年来的城市化发展状况及其带来的影响。

(三)板书设计

地区差异

概念　城市化　表现

动力　　阶段特点　意义

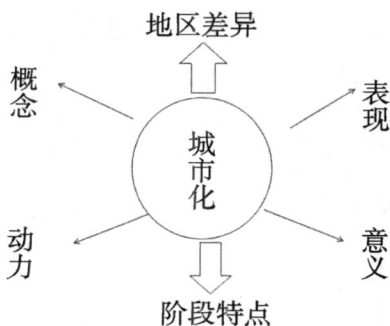

十一、教学反思

本节课采用了翻转课堂的模式进行教学,这对我来说是一种全新的尝试。课前我以微课的形式向学生们介绍了城市化的相关知识,并设计了相应的学习任务单以检测其课前自学学习效果,课堂上则针对学习中的问题展开教学。反思本节的备课和教学环节,我觉得这种模式的学习更有针对性。

长期以来,我们在课堂教学中多是一概而论,很难兼顾不同个体之间的差异,而翻转课堂则能很好地照顾到不同学习程度的学生,有效地反应学习中的问题。通过课前任务单的完成情况,教师能及时了解不同学生的学习状况。课堂上通过学生之间相互学习、小组合作学习、教师指导等方式,可以提高学生的学习能力,真正变教为学,将教学落到实处。

与此同时,教学引发的问题也不容忽视。在此类教学模式中内容扩展较多,对教师的课堂驾驭能力要求较高,这点我深感不足。此外,微课学习在课前占用学生时间较多,教师的课前工作量太大,如何才能更好地兼顾学生的时间和精力等问题,需要进一步思考。

第五篇 DI WU PIAN

地理教学课题研究与
地理野外考察

"义务教育地理课程标准(2011版)课程实施的教学案例研究——以人教版义务教育课程标准教科书为例"课题工作介绍①

"义务教育地理课程标准(2011版)课程实施的教学案例研究——以人教版义务教育课程标准教科书为例"课题组

安徽省省级重点课题"义务教育地理课程标准(2011版)课程实施的教学案例研究——以人教版义务教育课程标准教科书为例"于2012年12月立项,2015年12月结题。三年来,课题组成员坚持以课题为抓手,注重教学研究,强调课堂就是实践,学习、思考就是研究。从理论到实践,从思想到行动,在教学实践活动中不断总结经验和教训,提高认识,更新观念。

通过课题研究,提高了课题组成员的理论水平,构建了完善的专业发展观,逐步实现了教育理论的自觉,有效地提高了课题组成员的业务水平,促进了教师的专业发展。

一、研究背景

义务教育地理课程标准于2001年秋开始进行实验至2011年,经历了整整十年。十年间,课程标准对教师教学方式的转变、学生学习方式的改进、教学评价方式的改革、全面素质教育的推进均起到了极大的推动作用。课程标准的影响在课堂上表现最为突出,过去老师在备课时总是思考该如何教,而现今教师备课时想得更多是该怎么学;过去教师总是"授之以鱼",而今教师更多关注的是"授之以渔";过去教师总是重材轻才,而今教师既重材更重才,关注学生作为一位自然人所具有的情感态度价值观和作为一名合格公民应具有的基本素养。

随着改革的深入推进,我们也发现了一些需要进一步提高与完善的地方,课程标准有待修改完善。2011年新版义务教育地理课程标准正式颁布,新版地理课程标准重视三维目标的整体性,课程理念简化、突出重点、课程设计思路做了文字调整,实施建议重写;课程内容方面,把内容标准改为课程内容,适量调

---

① 本课题为2012年度安徽省教育科学规划立项课题,课题编号JG12100,2015年12月结题。

整部分标准,多数修订表述、活动建议按类重新编写,乡土地理部分重新调整要求;删除了部分要求较高的标准和与其他学科重复的标准,部分标准的要求明确化,部分标准要求得以降低,新增少量基础性内容。义务教育地理课程标准(2011年版)较实验稿有很大的改变。

依据课程标准的修订、各实验区的反馈、部分课题研究成果和时代发展的需要,秉承基础性、探究性、趣味性和统一性原则,人教版义务教育课程标准教科书(2012版)在呈现形式上进行了改革,增加了活动式课文;区域的选择和编写侧重于我国周边国家和地区,要求学生具有适当知识迁移能力;教材编写系列化,有同步解析与测评、新课标新学案等与教材相配套。

课程改革具有其自身的规律。学科课程标准的变化导致教材的变化,进而影响到一线的实际教学。显然,从教学实际出发,加深对义务教育地理课程标准(2011版)的研究,有效使用人教版义务教育课程标准地理教科书(2012版),既对一线地理教师提升课堂教学质量具有重大意义,也是摆在我们面前的实际问题。

二、研究方法

本课题研究主要采用经验总结与教学实验的方法。

义务教育地理课程标准(2011版)对第三部分课程内容进行了适量的调整和修订,使之更加完善,对标准的落实方法也提出了参考性的建议,并提出可根据条件选择,也可自行设计。课标中给出的活动建议不可能照顾到所有地区、学校和教师个体的差异性,如全部照搬肯定存在局限性,也不利于课程标准在不同地区和不同版本教材教学中的具体落实和课堂效率的提升。

根据此项说明,我们计划选取不同班级学生,并组织地理教师认真研读地理课标(2011版)和人教版义务教育课程标准地理教科书(2012版),在具体教学过程中精心挑选经典章节和新版课标与上一版课标差异较大的部分进行教学案例研究,然后对这些案例收集整理加以研究分析,并对每种案例下学生的学习效果进行科学评价,查找出现的问题,归纳总结。

最终通过教学案例的学习,归纳总结不同地理知识板块的学习方法,培养学生建构地理知识体系的能力,形成良好的地理思维;教师在案例教学的过程中能更好地提升解读新版地理课标能力,把握新版义务教育课程标准地理教科书的知识体系,更好地筛选典型案例,掌握学生学习情况的变化,总结案例教学过程中的经验教训,提升教师专业素养。

本课题特别关注教学效果和学习效果的达成度,课题组设计针对章节知识的调查问卷,选取样板班级期中、期末的考试试卷,并对这些调查表和试卷情况进行分析,认真查找出现问题的原因,以便更好地改进教学。

三、研究内容

1.课题研究目标

通过课题研究,总结出具有一定推广价值的地理教学实施建议,更好提升地理课堂教学效率。

课题组教师在认真研读义务教育地理课程标准(2011版)的基础上,仔细分析人教版地理教材的知识体系和内容,结合自己对学生学习情况的研判和以往的教学经验,书写原创地理教案,在教学实践的基础上进行修订补充,最终形成人教版七年级和八年级的原创教案集。

课题组重视对典型教学案例的研究,研究过程中有些教师参加了省、市级地理展示课、校级公开课和同课异构教学活动,这些课都经过了专家指导和反复打磨,相对比较成熟。课题组要求承担这些课的授课教师要提供教案、教学反思、教学评价意见,在此基础上形成教学案例分析,提高教师的理论研究能力。

课题组坚持对常态课的追踪和分析,结合每位课题组教师的教学实践,把自己在教学过程中遇到的疑难问题进行梳理罗列,分析问题产生的原因,并提出解决措施和建议,把这些组合在一起,形成具有推广价值的初中地理教学疑难指导手册。

2.课题研究的主要内容

(1)基础性研究,认真研读义务教育地理课程标准(2011版)相关解读材料和有效教学方面的教育理论。

(2)分析义务教育地理课程标准(2011版)第三部分课程内容与课标中前两部分的关系。

(3)认真研读人教版义务教育课程标准地理教科书(2012版)的教材知识体系。

(4)调查分析七、八年级不同班级的地理学习情况和学生的认知特点。

(5)教学案例的选取和实施案例的分析研究,重点关注课标落实和教学效果,采用同课异构形式。

(6)分析讨论,形成教学实施建议体系。

3.需要重点解决的教学问题

义务教育地理课程标准(2011版)在人教版义务教育课程标准地理教科书(2012版)的教学过程中,如何提升教学过程中的教学效率是需要重点解决的问题。

四、研究成果

回顾课题研究历程,在课题组成员的共同努力下,课题研究工作取得了一定的成果,这些成果均来源于教学实践,反过来又进一步推动了地理学科组的建设和教师教育教学能力的提升。

(一)有效地促进年轻教师的成长

在课题组成员中年轻教师所占比重较大,通过两年多的课题研究,年轻教师的教育教学水平有了一定的提高,对新课程的理念、课程标准、教学方式、评价体系有了更深刻的了解。课题组教师们的教案撰写能力、课堂组织教学能力、总结反思能力、案例分析能力和微课制作能力等都有了明显的提升。课题组成员匡昌林老师被评为"蚌埠市青年骨干教师""蚌埠市教坛新星",并在2014年安徽省地理年会上作为优秀教师代表上了一节示范课,论文"情境教学 情感达成——'极地地区'课例分析"在2015年中国教育学会地理教学专业委员会学术年会论坛现场交流。课题组成员陈雅琼、吕培两位教师面向全市地理教师上了展示课,他们的论文也在蚌埠市地理论文评选中荣获一等奖,在安徽省地理论文评比中分获二等奖和三等奖。

(二)提升教师教育教学理论水平

为了使课题研究能顺利开展,课题组成员学习了《新编地理教学论》《如何做研究型教师》《中学地理教学参考》《地理教学》教学杂志,并从相关网站上学习了优秀课例、教学设计、教学论文等。

教学设计是课堂教学的灵魂,而教案是呈现教学设计的载体,在课题研究的过程中我们发挥集体智慧的力量,借鉴他人的有益经验,形成了独具特色的原创教案集,这些教学设计都经过了教学实践的检验,教学效果较好。同时,在教学实践的过程中形成教学反思,并选取典型的教学案例进行分析,然后在提炼素材、总结经验的基础上形成教学论文。

(三)培养学生学习兴趣与习惯

课题研究过程中,我们依照新课程理念,坚持在课堂教学中发挥学生主体作用。在教学设计过程中始终关注学生,把地理教学与生活紧密结合起来,对课程资源与生活现象进行整合,让学生们时刻感觉到地理就在身边。课堂教学过程创设情境、搭建平台、设计活动,为学生参与课堂创造条件,并且及时给予学生积极表扬与肯定,让他们能收获成功与自信。地理学科在学校组织的学情调查中,普遍获得好评。

初中地理是学生地理学习的起始阶段,课题研究过程中我们特别注重学生地理学习习惯的培养,特别是读图习惯和解题习惯的培养,注重引导学生用地理视角来观察现象,用地理思维来思考问题。我们在课题研究过程中设计了针对学生的调查问卷,注重试题研究和试卷评析,对学生学习过程中出现的问题及时进行分析,并给予指导和帮助。

(四)促进地理教学与信息技术融合

近年来,信息技术在教育教学领域迅速发展,翻转课堂、慕课、微课相继涌现,信息技术正在慢慢地改变我们教育教学的行为方式。为了适应这种改变,我们及时调整课题研究计划,增加了"微课"和"翻转课堂"部分,形成了针对初中地理学业结业考试复习指导全系列的微课课程和部分章节教学的单体作品,这些微课作品在教育实践过程中得到了学生的认可,现在我们的教学主要是班级集中授课,受场地、课时和教学任务等所限,很难实行差异化教学,教学过程中很难照顾到每个个体,而学生可以在课下随时反复收看这些微课,对教学效果的提升、学习效率的提高都大有帮助。

(五)提高了地理课堂教学效果

课题研究的宗旨是服务于教育教学,通过课题研究,教师们的教学观得以改变,摒弃了传统课堂教学的"满堂灌""填鸭式"教学方式,转为运用丰富的教学手段和多样的教学方法来激发学生学习兴趣,注重学生地理思维培养和地理学习习惯的养成,提高了课堂教学效率和效果。

为了保证课题研究质量,我们把课题组教师送出去参加学习,先后组织教师参加了2014年在安徽省凤阳县举办的地理年会和在天津举办的中国教育学会地理教学专业委员会学术年会论坛,选派优秀教师参加在南京举办的全国地理优质课比赛观摩活动,聆听专家的演讲,向特级教师请教学习。

在课题研究期间,吕培、陈雅琼两位教师于2013年和2014年分别承担了两次市级教学展示课的任务,通过展示课,把我们的课题研究成果进行了展示。课题负责人蚌埠市地理教研员吴岱峰老师亲临现场,与其他一些专家老师对这两节课进行点评,同时,也对我们课题研究工作提出了宝贵的意见和建议。现场交流为我们课题研究提供了很多智力支持,切实地提高了教学效果。

(六)论文成果展示

论文成果如表1所示。

表1

序号	成果名称	作者	发表/获奖	奖项
1	《地理学科能力的划分与地理学科能力培养》	吴岱峰	《地理教学》2013年第16期	
2	《初中地理教材的"变"和"不变"及教学策略——以人教社义务教育教科书七年级地理(2012年版)"撒哈拉以南非洲"一节为例》	吴岱峰	《中学地理教学参考》2013年第6期	
3	《情境教学　情感达成——"极地地区"课例分析》	匡昌林	全国地理教学专业委员会年会交流	
4	《"互动探究模式"于"东南亚"教学中运用》	匡昌林	全国论文评选	一等奖
5	《案例教学法于区域地理教学中运用》	匡昌林	蚌埠市课题论文评选	一等奖
6	《情境创设　乡土引入　资源整合　全员参与——以"农业"为例》	匡昌林	蚌埠市教科所	二等奖
7	《提高地理学科素养　突破地理实验瓶颈——以"黄土高原"为例》	陈雅琼	蚌埠市教科所	一等奖
8	《基于义务教育案例教学重难点突破》	陈雅琼	蚌埠市教科所	三等奖
9	《追求生活化的中学地理课堂教学——以"美国"教学为例》	吕培	蚌埠市教科所	一等奖
10	《浅谈新课程背景下如何选择地理教学方法》	吕培	蚌埠市教科所	三等奖
11	《"日本"课堂教学实录》	孟娟	蚌埠市教科所	三等奖
12	《情境融入 活动探究 注重实践 拓展思维——以"印度"教学为例》	张蕊	蚌埠市教科所	三等奖
13	《关注细节,以生为本,师生互动——"撒哈拉以南非洲"教学课例分析》	胡晓燕	蚌埠市教科所	三等奖

(七)成果辐射

(1)在2015年中国教育学会地理教学专业委员会学术年会上,匡昌林老师的论文《情境教学　情感达成——"极地地区"课例分析》在年会上进行了现场交流,得到与会专家的高度评价和参会老师的一致好评,蚌埠教育网给予了宣传报道。

（2）2014年安徽省地理教学专业委员会年会在凤阳县举办，匡昌林老师在年会上面向全体与会教师上了展示课。展示课获得了听课专家和教师的好评。课后点评时，吴岱峰、章晓明两位特级教师对展示课给予了充分的肯定和积极的评价。蚌埠教育网对此进行了宣传报道。

（3）陈雅琼和吕培两位课题组教师于2013年和2014年分别承担了两次市级教学展示课的任务，与专家和教师分享我们的研究成果。课题组长蚌埠市地理教研员吴岱峰老师与其他一些专家教师对这两节课进行了集中点评，并对课题研究工作提出了许多宝贵的意见和建议。

（4）课题研究期间我们组织了送教下乡活动，把我们的课题研究成果延伸到农村学校，以检验我们课题成果的适应性。2014年11月课题组成员匡昌林老师到怀远县古城中学上了一节"农业"交流课，课后蚌埠教科所吴岱峰、怀远教研室彭涛主任和怀远县教研员纪光老师都对本节课进行了点评。

（5）本课题有2篇成果在《中学地理教学参考》《地理教学》等核心期刊上发表，还有十几篇论文获得了不同等次的奖项，并参加了国家及省和市举办的交流活动。通过媒体，课题成果得到了很好的宣传与推广。

五、课题反思

回顾课题研究过程，我们付出了艰辛、收获了成长、分享了成果，但是也留下诸多遗憾与不足。

（1）课题研究涉及的单位、人员参差不齐，导致了课题成果系统性不强，严谨性不足。

（2）囿于理论水平和教学能力，对于课题研究过程中发现的一些现象和遇到问题，总结提炼不到位，挖掘深度不够。

（3）对于参加实验的部分样本班级连续跟踪不到位，导致许多课题研究成果缺乏长期有效的检验。

（4）对于课题研究过程中产生的数据，我们未能进行大数据分析，这会对课题研究成果推广产生一些不利影响。

（5）课题实施过程中如果按照案例教学方法实施，会发现存在教学课时不足、经验缺乏、教学素材难以选取等诸多问题。此外，实验班级在期末检测时的分数比非实验班级要低很多，也许是这种现行的评价方式不适合案例教学的效果评价。

（6）教材编写与课标课程内容要求衔接性不强，教学过程中的难度很难把握。

（7）课题研究中问卷调查效果差强人意，需要认真总结和反思。

课题研究根本任务就是要解决教育教学过程中遇到的问题，虽然存在以上诸多遗憾，但这正是我们进行后续研究的动力和方向。教学能力的提升没有尽头，教育教学科研也不会止步，我们课题组成员将会不断实践，认真总结和反思，不断提高。

"新课改背景下教师课堂教学行为诊断和矫正研究"课题工作介绍①

"新课改背景下教师课堂教学行为诊断和矫正研究"课题组

"新课改背景下教师课堂教学行为诊断和矫正研究"课题,为2007年度安徽省教育科学规划立项课题。该课题利用微格教学研究的手段,对教师在课堂教学过程中表现出来的行为进行诊断和矫正,引导其形成能促进教育质量提高的行为方式,提高教师反思的积极性和实效性,引导教师变被动反思为主动反思,促进教师转变教育观念,努力实现有效教学。同时,通过教师的教育科研工作,提升教师教育科研的能力,提升业务水平,造就一批科研型的地理教师。

一、课题研究的目标和主要内容

课题主要研究地理课堂教学过程中教师的教学行为,为其重现课堂教学中的各种信息,并帮助其客观分析地理教学过程,发现问题,以期为改进和调整教师的教学行为提供依据。在此基础上,不断提高地理教师的教学技能,实现提高地理课堂教学效益和"减负高效"的目的。

本课题研究的主要内容是运用微格教学手段,为教师本人真实地重现课堂教学过程,进行教学反思和教学行为矫治。在研究中,结合教学实际,通过分析探讨不同教学课型、不同年级、同一教学阶段的不同教学内容、同一教学内容的不同教学阶段、同一教学内容不同教师的课堂教学组织等,研究教师的教学过程和学生的学习过程,分析存在问题并及时进行矫正。

二、课题研究的主要过程

第一阶段:课题理论研究和方案设计阶段(2007年12月—2008年3月)。

课题组于2007年12月19日在蚌埠三中举行了课题开题工作会议,确定了

---

① 本课题为2007年度安徽省教育科学规划立项课题,课题编号JG07078,2011年4月结题。

课题研究的目的、意义、主要内容和工作安排。

本阶段主要完成课题各种相关准备工作。课题组成员深入课堂进行调研，收集整理了《普通高中地理课程标准(实验)》和相关教材等资料，系统学习了微格教学理论，研究并确立了课题实验的主要内容。在此基础上课题组成员进行了工作分工，布置了2007—2008年度课题研究工作要求和任务。

第二阶段:课题研究具体实施阶段(2008年4月—2009年6月)。

根据课题研究计划，课题组的工作重点是积累和研究教学案例。依照微格教学理论，按照实施阶段的操作步骤，对教学案例进行分析，通过对教材、教案、教学影像资料的研究，适时调整研究方案和策略，不断提高针对性和有效性；在此基础上，形成课题阶段性工作报告及相关成果。

形成课题阶段性成果:

(1)地理组教师承担市级和学校对外公开课5节。

(2)典型案例4篇。

(3)发表和交流论文17篇。

第三阶段:课题深化研究阶段(2009年7月—2010年3月)。

2009年7月—2010年3月，市教研室和蚌埠三中课题组多次集中研讨，发现了课题实施中存在的问题，并对课题工作做进一步分析、调整，延伸课题的具体研究方向，并逐步加以确定，落实到具体教师的课堂教学中，使课题研究工作稳步推进。

通过研究，教师对课堂教学规律有了进一步的认识。提高课堂教学有效性的主要途径是提高课前备课、实际授课、作业批阅、教学反思等环节的有效性。

课题组成员深入钻研人教版高中地理教材，设计、实践、积累了一些优秀的高中地理教学课例，部分课例拍成教学光盘。

课题组就课堂教学效果等对学生进行问卷调查，对问卷结果进行研究分析，并撰写分析报告。部分教师的研究成果形成教学研究论文，并参与了省、市优秀地理教学论文的评选。

第四阶段:课题总结推广阶段(2010年4月—2010年12月)。

课题在近两年工作积累的基础上，经过课题组全体教师的充分讨论，按照安徽省教育科学研究院课题工作管理的有关要求，对"新课改背景下教师课堂教学行为诊断和矫正研究"课题工作进行系统总结，撰写结题报告，形成课题研究汇编资料。

三、课题主要研究成果

经过两年多的课题实践工作,参于课题研究教师的教育教学水平得到提高,教育观念显著改变,加深了对课程标准的理解,提高了课堂教学的效率;教师对具体地理教学内容的处理和设计有了更深入的认识,发现了教学中存在的不足,教学活动的创造性有了进一步提升,促进了教师反思的积极性和实效性;学生的地理学习成绩和学习能力获得了提高,教师的科研水平得到了提高,有力地促进了教师的专业发展。课题研究不仅是教育理论的学习过程,同时也是教学研究与实践相结合的过程,也是教师专业成长的过程。

(一)课题研究的理论成果

我们通过课题研究加深了对课程改革的认识,以有效的教学行为丰富了地理课堂教学,并积极探索了合作学习、探究学习的教学策略。这些新观点、新认识、新策略,又推进了地理课堂的高效教学,也增进了我们对地理教育教学规律的认识。

1.研究教育规律与教师的专业发展

(1)有效教学与遵循教育规律。从某种意义上说,我们对有效教学的追求,本质上就是对教育理想的追求。温家宝总理在2009年教师节后发表讲话:"教育要符合自身发展规律的要求……"追求教育理想的基本依据就是教育教学必须遵循教育的自身发展规律。

(2)有效教学研究——教师专业生活的重要内容。有效教学研究是教师日常专业生活的重要内容,也是一项教师专业技术学习活动。这种技术活动往往依托师生间、教师间的合作交流来实现。一方面,有效教学研究是基于教育教学规律的研究。研究活动根植于课堂,使课堂充满生命的活力是有效教学追求的核心。另一方面,现代教学论认为,学习过程是以人的整体的心理活动为基础的认知活动和情意活动相统一的过程。教师的专业生活具有情感性特点,所谓亲其师,信其道,教师间、师生间的情感培养与专业学习、研究联系紧密。

2.提高地理课堂教学有效性的几个重要方面

影响地理课堂教学有效性的因素复杂多样,包括学生的学习基础、学习习惯、心理状态等;教师的专业基础、教学习惯、教学语言、教龄,教案中教学内容目标的适切度、教材内容的处理与活动的设计、教师教学过程的调控、课堂教学评价等,都影响着课堂的有效教学。课堂教学过程是上述诸因素相互联系、相互作用的过程,是一个不断变化,不断生成的过程。

(1)确定恰当的教学目标是提高地理课堂教学有效性的起点。确定教学目标应注意以下几个方面:

第一,教学目标的确定要依据地理课程标准和教材、学生的知识基础和能力状况、教师自己的专业基础和教学个性,以及学校现有的教学条件。

第二,对于教材的具体内容,明确哪些是课程标准规定所必须达到的基本要求? 教材是怎样呈现这些内容的? 落实课程标准要求的关键是什么? 在此基础上,形成教学目标的具体化。

第三,要认真了解学生的学习基础、心理特点。依据"最近发展区理论",着眼于学生学习的最近发展区,确定教学目标,以调动学生的积极性,发掘学生的潜能。因此,教学目标要贴近教学实际,贴近学生生活,明确、具体,使教学目标具有可操作性。

除上述三点外,确定课堂教学目标还应遵循循序渐进的原则。

(2)创造性地使用教材是提高地理课堂教学有效性的重要因素。创造性地使用教材应注意以下几个方面:

第一,需要教师深入研究课程标准和教材之间的关系,研究教材的特点和具体教学内容的呈现方式。

第二,要注意研究学生的年龄特点和生活体验,以期在活动中充分调动学生的学习兴趣和参与的积极性。在教学过程中应注重培养学生的问题意识、思辨意识。

第三,在充分理解课程标准、教材,在了解学生的基础上,不拘泥于教材,适当"二次开发",用活、用实教材。同时,在设计上要注意体现教师个人教学特色,在具体教学活动设计上要符合认知规律,贴近教学实际。

第四,教师在活动设计上要选取适当的材料和科学的呈现方式,并适时确定教学活动的切入点。在教学中,教师要围绕教学主题,及时调控,发挥教师的组织引导作用。

从课程和教学的角度来说,教材是教学的重要资源之一;成功的教学不依赖于教材,而是借助于教材,创造性地使用教材。

(3)地理课堂教学应具有地理学的方法和视角。课程改革以来,地理教材发生了很大的变化,在必修和选修教材中,增加了不少反映社会发展,体现时代进步的内容。这些内容具有深刻的地理意义,同时具有社会、政治、经济等方面的背景。在课堂教学中如何突出地理学科的视角,使教学内容更加生动,使教学更加具有地理学科特点,是我们应当关注的问题。在地理课堂教学中教师可以根据教学需要和学生实际,依据课程标准,以综合性、地域性的视角,选取适当的地理素材,引入教学活动,或对现有案例材料进行调换等。教学中结合图表材料,培养地理思维,凸显课堂教学的地理性。这样一方面完善了教学内容,丰富了学生的地理视野,另一方面体现了教师教学活动的创造性。

此外,教师也可以鼓励学生参与教学活动,引导他们以地理学的视角,关注现实生活,把鲜活的地理内容带到课堂学习中来。

(4)地理案例教学要"进得去,出得来"。案例教学是一种以"案例"为中介,以阅读、提问、分析、讨论、提升、拓展为主要环节的教学活动。案例教学要求"进得去,出得来",即选取案例材料是为了分析问题,通过案例分析,能够进行方法迁移,扩展运用到其他同类问题或相近问题中。案例教学能否做到"进得去,出得来",以及恰当地使用案例材料是提高案例教学有效性的关键点。运用案例教学要注意以下几个方面:

第一,从本质上说案例教学不是知识性教学,而是方法性教学。在具体教学过程中,要切实加以把握,努力做到"进得去,出得来"。案例教学应落点于地理学的规律、原理和方法,落点于具体教学目标的实现,落点于教学对应的地理课程标准。

第二,案例的选取要依据课程标准,与课堂教学目标的要求相一致,要具有典型性、真实性和针对性,宜精不宜繁。同时,从课程资源的角度来看,教材是核心的课程资源,教学活动应当重视对教材的充分使用。

(二)课题研究的实践成果

1.课题研究发表论文

蚌埠三中校长沈亮撰写的《使常态下的课堂教学更丰满——谈微格教学的现实意义》一文,发表于蚌埠日报。

蚌埠市教科所教研员吴岱峰老师结合课题研究,撰写的论文《新课改下地理课堂教学有效性的思考》,发表于全国教育类核心期刊《中学地理教学参考》2008年第9期,并被中国人民大学书报资料中心复印报刊资料全文收录。

2.交流获奖论文

课题组教师在课题研究的基础上,结合教学实际,发表了教学论文,其中,部分论文在全国、省、市地理教学论文评选中获奖。具体如下:

（1）省、市教学评选获奖论文。

表1

序号	成果名称	作者	奖项
1	《基于提高地理课堂教学有效性的案例分析与思考》	吴岱峰	全国二等奖
2	《专题复习切入点的选择，对教学效果的影响初探——以"气候专题"为课例》	朱新艳	市一等奖
3	《课堂提问行为的纠正》	刘小永	市二等奖
4	《师生互动浅谈》	杨丽	市二等奖

（2）交流论文。

表2

序号	成果名称	作者	奖项
1	《完美课堂的境界——让学生的思绪飞扬》	朱新艳	学校交流
2	《教学上使用现行教材的体会与思考》	朱新艳	学校交流
3	《试论如何培养和激发学生学习地理的兴趣》	朱新艳	学校交流
4	《"用教材教"——谈新课程背景下的教材再整合》	朱新艳	学校交流
5	《浅谈地理课堂教学中的师生互动》	陈蔓蔓	学校交流
6	《多媒体与地理课堂》	杨丽	学校交流
7	《案例教学中的一些误区》	徐达	学校交流
8	《谈地理课堂节奏的缺失》	陈蔓蔓	学校交流
9	《地理挂图在教学中的应用》	徐达	学校交流
10	《改进后的教学——教学反思的力量》	刘小永	学校交流
11	《如何使学生真正成为课堂的主体》	刘小永	学校交流

3.典型教学案例与教学反思汇编

（1）典型案例分析部分。

表3

序号	篇目	作者
1	《"常见的天气系统"观课体会》	朱新艳
2	《案例分析——以季风水田农业为例》	杨丽
3	《"常见的天气系统"案例研究》	徐达
4	《"同一节课"教学对比研究——"同课异构"有感》	刘小永

（2）课堂反思部分。

表4

序号	课例	授课人
1	《问题研究"从市中心到郊区你选择住在哪里"教学设计》	王红燕
2	《第二章第三节　常见的天气系统(第1课时)》	朱新艳
3	《第二节　不同等级城市的服务功能》	陈灿红
4	《气候的形成、分布、特征》	陈蔓蔓
5	《地理空间定位复习》	刘小永
6	《世界气候类型的内部差异》	曹斌
7	《传统工业区——以鲁尔区为例》	徐达
8	《气候类型的判断》	徐达
9	《传统工业区——以鲁尔区为例》	杨丽
10	《"以种植业为主的农业地域类型"第1课时》	杨丽
11	《第二节　以种植业为主的农业地域类型》	刘小永

4.获得表彰和荣誉称号

在参与课题研究的教师中,有多位教师获得表彰和荣誉称号:朱新艳荣获"市级学科带头人"荣誉称号,王红燕荣获"市教师基本功大赛"一等奖,刘小永荣获所在学校"2009年学校优秀教师"称号,刘小永、徐达荣获所在学校"2010年学校基本功素养大赛"优胜奖,等等。

四、课题研究存在的主要问题及今后的设想

目前,在推进课程改革的过程中,不少教师对课改存在一些顾虑,不知道对提高课堂教学、对高考有什么样的影响。如何推进课程改革,不是一句空话,要落到实处,这个问题的关键就是要落到课堂,优化课堂教师的教学行为,实现有效教学。深化课程改革的关键之一就是以课题研究为抓手,促进教学质量的提高。

在课题的实施过程中存在一些问题:

第一,课题推进需要大家共同努力,要在时间和精力上给予保证。参与课题的教师工作量普遍偏大,在一定程度上影响了课题研究的投入。

第二,提升课堂教学效果,转变观念是前提。课程改革背景下的课堂是什么样的呢? 教师普遍有等待心理,教师的认识有待进一步提高,事实上,课程改革背景下的课堂在于我们依照课程改革的理念去共同创造。

第三,中学教育科研只有结合教学实际,才有意义,才有生命力。在实际教学研究中,对课例的研究还需要加强,还需要不断深入。同时,在课题的具体实

施过程中的技术性工作需要得到保证和完善。

　　通过课题研究的实践,我们发现自己有很多不足,需要加强学习和思考。新课程下的课堂教学,需要我们的教师带着新思想、新认识、新做法,去耕耘、去发现,创造新的教育风尚。我们期待通过课题研究,使教师对教学理解再深刻一些,对教育的理解再透彻一些,少走弯路,能够积极发现问题,解决问题,实现课堂的有效教学。教无止境,艺无止境。

"案例教学对培养学生地理思维能力作用的研究"课题工作介绍①

"案例教学对培养学生地理思维能力作用的研究"课题组

安徽省省级课题"案例教学对培养学生地理思维能力作用的研究"于2009年下半年做申报前期准备,2010年4月递呈课题申报立项书,同年10月获得批文,12月中旬开题,2014年9月结题,历时三年多。

三年多来,课题组成员努力提高教学理论修养,增强课题研究能力,明确研究目标是提高课堂教学实效。在课题研究过程中,有目的地加强文献收集与学习、教学案例的收集与整理、学生地理思维能力的对比分析以及案例教学与学生思维能力之间关系的研究等。运用案例研究法、行动研究法、经验总结法等研究方法,以观察、问卷调查、实验对比分析和个案研究等为研究手段,组织进行课题的分析研究。

一、课题主要研究阶段

在课题研究过程中,课题组成员普遍认识到,在学科能力培养过程中,地理学科能力的培养应包含地理德育教育,在地理德育教育的引领下,促进学生的全面发展。课题组成员有目的地将本课题研究主方向"案例教学对培养学生地理思维能力的研究"进一步深化、完善;同时,课题组有针对性地加强对地理德育教育的研究。本课题包括三个研究阶段:

(一)第一阶段:准备阶段

2010年3月—4月,在蚌埠铁路中学地理组内组织研讨课题研究的意义,统一思想,宣传发动地理组全体成员积极参与课题研究活动,组成课题组,明确课题研究方向。在课题组内共同学习《关于印发〈安徽省教育科学研究"十一五"规划〉的通知》《安徽省教育科学研究"十一五"规划》和《安徽省教育科学"十一

---

① 本课题为2011年度安徽省教育科学规划立项课题,课题编号JG10082,2014年9月结题。

五"规划课题指南》等文件;结合组内自身优势,促进组内成员继续教育;确定课题研究方向和课题名称,调研、修改课题方案,撰写2010年安徽省课题立项申请书;收集、学习关于案例教学、思维能力培养等方面的书籍资料;初步了解国内外学术研究现状。

(二)第二阶段:实施阶段

2010年4月—2013年11月,实施阶段共分三轮。

第一轮(2010年4月—2011年6月),递呈"案例教学对培养学生地理思维能力作用的研究"立项申请书。课题组成员加强该课题的理论学习,并初步建立课题资源库;反思教学行为,总结案例教学实施的得与失,学习、比较、思考课题研究方法;撰写开题报告,举行开题报告会。邀请吴岱峰老师对课题组成员进行课题研究的指导;明确课题的研究责任和研究方向,规范课题研究要求。

第二轮(2011年7月—2012年9月),加强案例教学的学习与实践,熟悉案例教学模式,总结案例教学特点,结合学生和教学实际,编写切实有效的教学案例,开设案例教学的教学研讨课和展示课,进行案例教学校本培训活动。学习思维能力培养的相关理论,了解当前思维能力培养的国际和国内动态;结合地理学科特色和各授课班级的学生学情,有针对性地培养学生的地理思维能力,尤其是中学时期地理十项思维能力;课题组成员之间互帮互助,共同讨论完善课题研究内容,探寻各项地理学科能力的规律;开设地理思维能力培养教学研讨课,进行地理思维培养的校本培训。课题组成员分别撰写案例教学论文,展示本课题组案例教学成果,课题组撰写阶段性报告。

第三轮(2012年10月—2013年11月),总结反思前期工作成果,将案例教学与学生地理思维能力培养有机结合,进行教学效果比较,重点思考性别、年龄、学习能力等因素对案例教学理解和学生思维能力培养等方面的影响,及时调整教学形式,撰写教育教学论文,提出教学建议和教学方案;开设"案例教学对培养地理思维能力作用的研究"讲座和报告。重点研究教学案例的德育意义,总结德育教育的含义、性质、目标、原则、内容和方法,提高课题组成员的德育教育水平。课题组成员分别撰写案例教学论文,展示本课题组案例教学成果,课题组撰写阶段性报告。

(三)第三阶段:总结阶段

2013年11月—2014年2月,将案例教学成果、学生地理思维能力培养成果及案例教学对培养学生地理思维能力作用的研究成果进行总结分类,编印成册。撰写结题报告,制作课题汇报材料,接受专家组审核鉴定。

二、课题主要研究成果

通过本课题研究,提升和培养了教师的专业底蕴和协作精神,适应了教师与新课程共同成长的要求。学校地理教研组逐步形成了较浓厚的研究氛围,大家在学习研究中,不断提高理论素养和学科知识,不断运用先进的教育思想和理论指导实践,始终带着敏感的研究意识在教学与科研实践中自觉地发现问题、分析问题、解决问题。教师的教育观、学生观、课程观、教学观得到正确的引导;教学能力、教学反思能力、科研素养不断提高,整个地理教研组向研究型教师团队积极迈进。

1.课题研究发表论文

课题研究三年多来,课题组成员认真务实,积极总结,勤于笔耕,先后在多个刊物上发表论文。其中,在国家级刊物发表论文6篇;撰写教学设计(电子教材)(国家级)1篇;在市级刊物发表论文2篇。

2.交流获奖论文

课题组成员结合教学实际,围绕课题研究形成的教学论文,除部分发表外,还参加省、市地理教学论文评选,并获得较为优异的成绩。

3.开设教学研讨课

课题组成员先后开设了蚌埠市全市教学研讨课和同课异构研讨课、蚌埠铁路中学地理教学同课异构研讨课、校际教学研讨课及课题组教学研讨课等多种形式的教学活动,在教学研讨中总结课题研究成果,提高教学能力。

4.举办讲座

课题组成员积极主动地将课题组研究心得和体会与其他教师分享和交流,体现了课题的辐射和带动功能,有利于激发课题组成员的科研动力,促进教师的共同发展。吴岱峰老师和陈灿红老师先后在蚌埠市以及其他省份举办多个讲座。

5.获得表彰和荣誉称号

在参与课题研究的教师中,有多位教师获得表彰和荣誉称号,吴岱峰老师获"蚌埠市首批双名工程名教师"称号,陈灿红老师获"蚌埠市第二批学科带头人"称号。此外,课题组教师获国家级奖项2项,省级奖项3项,市级奖项4项。

三、实施课题的收获

课程改革的一个重点内容就是如何促进教师教学方法和学生学习方法的变革,提高课堂教与学的效率。学生良好的学习方法源于教师正确教学方法的引领和学生自身的学科思维能力。

当前,灌输式的传统教学方法仍然普遍运用,它在培养学生思维能力方面存在着较大的局限性。学科特色不明显,学生思维能力较弱,思维指向性不明确,导致课堂教学效率低下,学生学习积极性下降。因而,优化课堂教学方法,培养学生良好的思维能力,尤其是学科思维能力,是当前中学课堂教学亟需解决的问题之一。

通过"案例教学对培养学生地理思维能力作用的研究"课题的深入研究,课题组成员从理论到实践都取得了较为明显的进步。

(1)教师课堂教学案例意识明显提高,对学生能力培养的典例选取意识显著增强。本课题的研究使得课题组成员课堂教学目的更加明确,围绕教学重点和教学难点,有目的地选取合适的教学案例,加工案例材料,突出材料的典型性和有效性。

(2)教师通过课堂教学行为诊断和矫正研究,思考发现课堂教学中存在的问题,以及教师其他教学行为对学生学习能力、思维能力的影响,不断创造一个"整体参与、充分民主、鼓励竞争"的开放式课堂,使学生在课堂上能获得"自由",充分发挥主体作用,以致各种能力得到充分发展。

(3)教师课堂教学自我诊断能力的增强。教师提高教学技能的关键在于其对教学行为的诊断。围绕课堂教学,教师自我调整教学方法,其调整的依据就是教学案例的使用对学生思维能力的影响程度,及对教育测量结果的分析。在此基础上,教师修正和完善自己的教学行为及教学意识,对案例教学的选取和解读使用有进一步的认识,表现为教师课堂教学自我诊断的能力不断增强。

(4)教师培养学生能力的意识明显增强,目的更加明确,注重对学生学法的指导。通过课堂教学研讨,及时进行教学反思,加强对课堂教学的总结和测评,教师明确了学生地理思维能力的培养目标。课堂教学中,教师对学生思维能力的培养意识和能力都显著提高,围绕典型试题,从试题的能力考查意图、教学知识与能力之间的关系入手,联系日常教学内容,关注文本蕴含的学科能力。

(5)通过"同课异构"教学的实施,教师对教学设计进行比较,分析利弊,扬长避短,使学生感受到地理就在我们身边,和我们的生活息息相关;通过学生主动参与使学生掌握终身学习的方法。

(6)教师驾驭课堂的能力提高,形成了研究课程标准、高考试题特性、学生学法和教师教法的良好氛围,教学倦怠感明显减弱。

(7)为提高课题研究与实验工作的质量,课题成员定期交流研讨,互相学习。通过交流研讨,课题研究的质量迅速提高,增强了课题组教师从事课题研究工作的信心和积极性,提高了课题研究能力,激发了工作热情。

此外,课题研究有意识地将案例教学引入中学课堂教学,将其与地理学科有机结合,探求新课程标准下的地理学科教学方法的优化;将学科教学方法研究与课堂教学有效性研究有机结合在一起,在具体教学行为与教学理论之间寻求结合点、切入点;重视思维教学,培养学生地理思维能力。

四、课题研究存在的主要问题及今后的设想

在课题的实施过程中存在一些问题:第一,课题推进需要大家共同做出努力,要在时间和精力上给予保证。参与课题的教师工作量普遍偏大,在一定程度上影响了课题研究的投入。第二,提升课堂教学效果,转变观念是前提。课程改革背景下的课堂是什么样的呢? 教师普遍有等待心理,教师的认识有待进一步提高,事实上,课程改革背景下的课堂在于我们依照课程改革的理念去共同创造。第三,中学教育科研只有结合教学实际,才有意义,才有生命力。在实际教学研究中,对课例的研究还需要加强,还需要不断深入。同时,在课题的具体实施过程中的技术性工作需要得到保证和完善。

对于教育科研工作,不少教师在认识上存在偏差,思想上不够重视;同时,在研究过程中缺乏正确的方法指导。随着课程改革日益深入,传统经验型教师在面对新的教育理念时感到难以适应。有的教师表现出急于功利、不踏实的现象,教育观念与教学相脱节,教学行为缺乏理论支持,教学以习惯、经验为主导,教学活动与学生的地理思维能力培养相脱节;职业倦怠、浮躁和功利主义突出。观念的改变是教师从事教育研究的内部动力,教师必须改变自身角色以适应教育变革,以研究的眼光审视课堂教学,惟其如此,才能使教育质量的提升和学生素质的全面发展得以实现。

面对课程改革中遇到的困难和"高原现象",我们应当坚信真正的课改发生在课堂上,广大教师需要切实转变教育观念,认同学科价值观,保持开放积极的

心态,主动跟进,改变习惯思维,勤于思考,善于实践,坚持专业和精神文化的修炼,以富有生命力的课堂教学和不断深入的教育研究,丰富地理教育文化,实现教师的文化自觉。

通过课题研究的实践,我们发现自己有很多不足,需要加强学习和思考。课程改革背景下的课堂教学,需要我们的教师带着新思想、新认识、新做法去耕耘、去发现,创造新的教育风尚。我们期待通过课题研究,教师对教学的理解再深刻一些,对教育的理解再透彻一些,少走弯路,能够积极发现问题,解决问题,推进课堂的有效教学。

"淮河地域文化视野下的地方课程建设研究"地理部分介绍①

"淮河地域文化视野下的地方课程建设研究"地理课题组

淮河流域地处我国南方和北方之间的过渡地带,独特的地理位置和优越的自然条件使这一地区自然资源丰富。淮河流域人口众多,人口密度较大。勤劳聪慧的劳动人民促进了区域社会经济、历史文化的繁荣与发展。

一、农 业

淮河流域耕地面积1300余公顷,主要作物有小麦、水稻、玉米、薯类、大豆、棉花和油菜,粮食产量占全国粮食总产量的17.3%。农业产值高于全国同期人均值。淮河流域在我国农业生产中占有举足轻重的地位。

1.安 徽

安徽省是我国重要的农业生产基地之一,重要产粮省之一。淮河以北以小麦、杂粮、薯类为主,淮河以南以水稻、小麦为主;其他粮食作物有玉米、高粱、豆类等,经济作物有棉花、茶叶、蚕茧、黄红麻等。其中,大别山区是我国主要的产茶区之一。安徽水产资源丰富,蚌埠蛤蜊等较为出名。

2.江 苏

江苏省平原面积广阔,商品经济发达,是我国农业大省,粮、棉、油、桑蚕和淡水鱼养殖在全国都占有重要地位。主要粮食作物有小麦、高粱、玉米、山芋等,经济作物有棉花、油料、蚕桑等;其中淮北杂粮比重较大。高邮鸭、太仓猪、湖羊等是优良禽畜种。

3.河 南

河南省农业开发历史悠久,是我国重要农业区,粮油、棉花、烤烟的主要产区之一,农作物两年三熟或一年两熟。粮食作物以小麦、玉米、红薯为主,此外

---

① 本课题为2013年度安徽省教育科学规划立项课题,课题编号JG13091,2015年10月结题。

还有大豆、谷子、高粱等。经济作物以棉花、花生、烟叶、芝麻、黄红麻等为主。河南建有活牛、瘦肉型猪生产基地,优良畜种有南阳牛、泌阳毛驴、新密寒羊等。

4.山　东

山东省是我国著名的农业大省,重要的粮食和经济作物产区,粮食产量居全国第二位,蔬菜、果品、肉类、水产品产量均居全国前列。主要粮食作物有小麦、玉米、大豆、地瓜、高粱、杂粮等,经济作物有棉花、烟草、花生等,是我国北方重要产棉基地。

读一读

黄红麻是红麻的一个品种,栽培历史悠久。

红麻具有杆高、杆大、麻皮厚、纤维韧、耐拉力强的特点,是麻纺工业的优质原料;同时又是造纸、医药工业的优质原料,还可以以黄红麻籽油为原料,生产亚油酸(酯)、共轭亚油酸(酯)和生物柴油。红麻纤维呈银白色,有光泽,吸湿散水快,适于织麻袋、麻布、麻地毯和绳索。带皮麻秆可作造纸原料,剥皮后的麻骨用于烧制活性炭和制纤维板。叶可作牲畜饲料。

图1　黄红麻

想一想

淮河流域地形多样、气候优越,各地人民辛勤劳作,培育了许多名特优农产品,如六安瓜片、高邮鸭(蛋)、蒙山黑山羊等,盱眙龙虾和砀山酥梨等也是远近闻名的农副产品。除此之外,你还知道淮河流域有哪些名特优农产品?

图2　高邮鸭

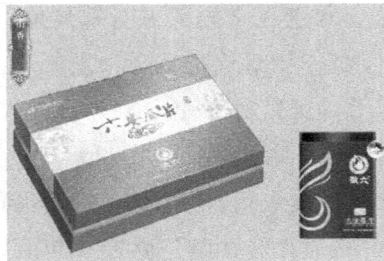

图3　六安瓜片

图4 蒙山黑山羊   图5 黑花生

淮河流域沿海还有近1 000万亩滩涂尚未开垦。此外,淮河流域年平均水资源量为854亿立方米,其中,地表水资源量为621亿立方米,浅层地下水资源为374亿立方米,干旱之年还可北引黄河,南引长江补源。淮河流域日照时间长,光热资源充足,气候温和,发展农业条件优越,是国家重要的商品粮棉油基地。

淮河流域是我国重要的农业生产区,经过几十年努力,农业综合生产能力大大提高,农业生产区域布局不断优化,优质农产品比重大幅增加。大力发展了高效、优质、高产、生态农业,扩大了优质农产品的生产,进一步促进了农业生产规模化、专业化,提高了农产品深加工水平,居民人均收入大大提高。

读一读

淮水北调工程

淮北地区水资源匮乏,人均水资源占有量仅为安徽省全省平均水平的2/5、不到全国平均水平的1/5,耕地亩均水资源量仅为全省平均水平的1/3、全国平均水平的1/5。从20世纪后期开始,随着城市工业和经济的快速发展,工业用水量增长迅速,地下水超采,地表水体自净能力降低、污染严重,生态环境恶化,农村生活生产受到影响,城镇供水安全受到威胁。

淮北市煤炭储量丰富、品种齐全、品质优良,为火电、煤化工提供了优质的煤炭资源,是皖电东送电源基地和化工产业基地。同时,淮北市地处淮北平原粮食主产区,近年来经济发展迅速,粮食、木材深加工成为当地经济增长点之一。

为统筹协调该地区城市生活、生产和生态用水,有效缓解淮北市经济发展特别是煤电、化工工业建设所面临的水资源供需矛盾,实施了安徽省淮水北调工程。

淮水北调工程的供水范围为淮北市、宿州市以及蚌埠市淮河以北的地区,近期为淮北市区以南地区,远期向北延伸至萧县。

二、工 业

淮河流域工业以煤炭、电力和以农副产品为原料的食品、轻纺工业为主。现已建成淮南、淮北、平顶山、徐州、兖州、枣庄等国家大型煤炭生产基地,产煤量约占全国产煤量的八分之一。近年来,煤化工、建材、电力、机械制造等重工业也有了较大发展,郑州、徐州、连云港、淮南、蚌埠、济宁等一批大中型工业城市已经崛起。但淮河流域的工业总产值和国内生产总值在全国仍位于较低水平,人均国内生产总值低于全国平均值,尚属经济欠发达地区。

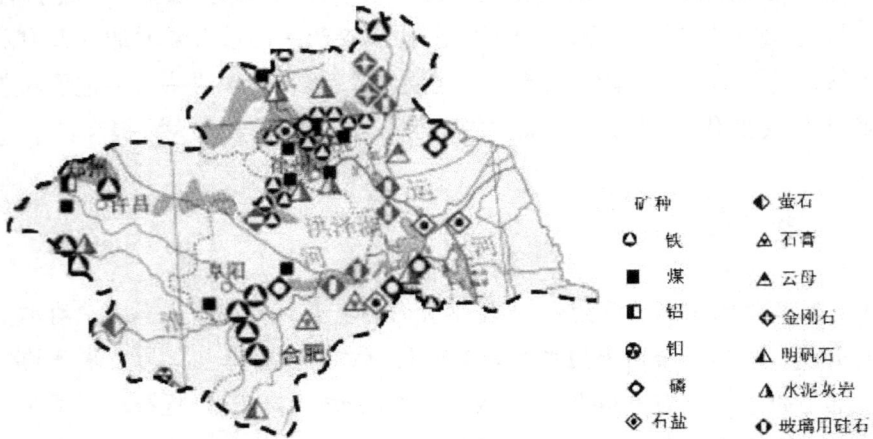

图6   淮河流域矿产资源分布

1.安 徽
安徽省是我国煤炭、钢铁生产基地之一,形成了以煤炭、冶金、化工、电子、机械等重工业和家电、电子、纺织、食品、日用化工等轻工业相互辅助的工业体系。

2.河 南
河南省是我国重要的原煤、石油产区。工业以丰富的矿产资源和农副产品资源为依托,形成了包括轻纺、轻工、食品、煤炭、石油、电力、冶金、化工、建材、机械、电子等门类较为齐全的工业体系,平顶山、焦作是著名的中原煤仓。

读一读

以淮安蚌埠为双核　苏皖合力打造"淮河经济走廊"

按照"流域经济"理论,将淮河建设成为连接东中部地区的黄金通道,贯通上下游"经济流"。以苏北中心城市淮安、皖北中心城市蚌埠为双核,形成跨省域的生态经济共同体,实现皖江城市群与沿海经济带的区域互补协调发展。

打破行政区划藩篱,依托淮河建设流域经济,是这一战略构想的核心。淮安与蚌埠合作空间大,互补性强。江苏沿海开发战略的实施,激发了各类资本和项目投资的热情。已落户项目主要集中在重化工领域,而白色家电制造等产业依靠皖北地区强大的配套能力,可不断做大做强。从蚌埠和皖江城市群来看,加强与淮安合作,有望承接更多产业和资本转移。

淮安是低风速风电试验区,皖北煤炭等矿产富集,两者相结合可以生产煤制天然气,为江苏沿海开发提供新能源。淮安有独特的岩盐资源,勘探储量超过1300亿吨,将井盐管道输送到蚌埠,与煤炭、石灰石资源对接,建成非石油路线烯烃产业基地,生产PVC等绿色化工产品。此外,蚌埠市科教资源丰富,有7个国家级科研院、91个地方科研机构以及大批高校毕业生,可为苏北地区发展提供科技和人才保障。

3.江　苏

江苏省是我国近代轻纺工业发展较早的地区,现已形成以加工业为主的工业体系。机械电子、石油化工、轻工、建材、纺织、食品等是支柱产业,其中纺织、食品更是传统优势产业。省内乡镇企业发达,苏南模式全国著名,现以布局调整为主线,大力兴办乡镇企业园区,多涉足轻纺、电子、新材料、精密机械、精细化工、通信等行业。

4.山　东

山东省工业基础雄厚,能源、原材料工业优势明显,主要工业部门有机械、电力、石油、化工、冶金、建材、电子、纺织、食品等。原煤、原油、化肥、水泥等产量在全国都位居前列,纯碱、原盐、机制纸、白酒、啤酒等产量居全国第一。

读一读

淮河经济带可成第四增长极

未来10到20年,淮河流域将成为继长江、珠江后的第三条黄金水道,大型货轮畅行淮河上下,沿淮的煤矿、铁矿、碱矿、盐矿将连成一体,成为一条煤盐化工产业带。

淮河流域纵向铁路、高速公路较多,但缺少横向交通大动脉。同时,各省内的交通也以省内中心城市为主,省际间没有互联互通。应将淮河生态经济走廊上升为国家战略,推动中心城市蚌埠快速崛起,从而带动整个淮河流域的经济发展,为皖江城市带北翼开辟一个国际化的出海口。

以淮河第一大港蚌埠为中心,以上下游的信阳、淮安为两翼,形成三个核心城市,带动北到阜阳、南到盐城等十几个城市,形成淮河经济带,数千吨级的货轮将从海上一直行驶到信阳、平顶山等地,淮河成为继长江、珠江后的第三个黄金水道。

目前,安徽省正在实施引江济淮工程,通过水道整治可以把中游的航运水力整合,补充淮河枯水时节的水量。当蚌埠港口建成后,来自上下游的矿产、农产品、集装箱在这里靠港接驳,成为淮河流域物资集散地。

随着沿淮各城市的崛起,将形成一个淮河三角洲,北起连云港,南到盐城,中间包括信阳、淮南等城市。届时,平顶山的煤将沿着洛河、颍河到淮河,然后进入沿海各地,山西的煤也可从这条线路运到上海,比铁路运费要节省70%以上。淮河生态经济走廊将成为继长三角、珠三角、环渤海之后的第四个增长极。

三、交通运输

淮河流域交通发达,京沪、京九、京广三条南北铁路大动脉分别从本流域东、中、西部通过;著名的欧亚大陆桥——陇海铁路横贯流域北部;此外,还有晋煤南运的主要铁路干线新(乡)石(白)铁路,以及蚌(埠)合(肥)铁路和建设中的新(沂)长(兴)铁路等。内河航运有年货运量居全国第二的京杭大运河,有东西向的淮河干流,平原各支流及下游水网区内河航运也很发达。流域内公路四通八达,近几年高等级公路建设迅速。连云港、石臼等大型海运码头不仅可直达全国沿海港口,还能通往韩国、日本、新加坡等地。

图7 淮河流域与周边地区铁路线

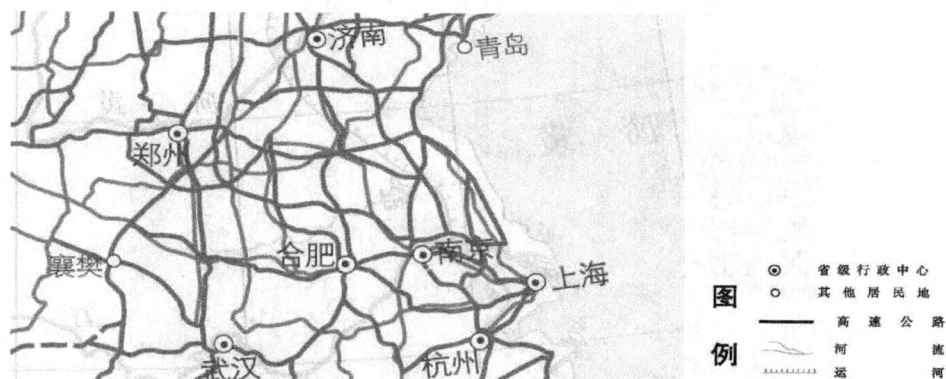

图8 淮河流域与周边地区交通运输线

1.安 徽

安徽省处于我国水陆交通网的有利位置,形成了铁路、公路、水运并举的综合交通运输网。省内有京沪、京九、陇海等铁路干线和京台、连霍、济广、宁洛等高速公路过境,区域内有淮南、阜淮等线相辅。

2.江 苏

江苏省是华东地区交通枢纽,交通四通八达,水运尤其发达。铁路以南京、徐州为中心,京沪、陇海、新长、宁铜等铁路干线过境。多条高速公路交叉贯通境内,多条干支线公路连接省内各县、市。

3.河　南

河南省位于我国陆路交通要冲,铁路运输枢纽地区,交通便利。境内主要铁路干线有京广、京九、陇海、焦柳、宁西等,还有众多直线、地方铁路与之衔接。京港澳、连霍、大广、济广、二广、沪陕、宁洛等高速公路过境。

> **读一读**
>
> 郑西(郑州—西安)高铁是我国中长期铁路规划客运专线中东西交通大通道、新欧亚大陆桥徐兰客运专线(徐州—郑州—西安—宝鸡—兰州)最先开工的一段。2009年6月28日,郑西高铁客运专线已全线铺通。郑州至西安铁路客运专线全长484.518千米,桥梁和隧道长度占全长的59.75%;最大年输送能力8 340万人,郑西客运专线设计时速为350千米。

图9　高速铁路

四、文　化

> **读一读**
>
> ### 淮河流域文化
>
> 早在7 000年前,淮河流域就存在着具有鲜明自身特色的文化,显露出早期文明的曙光,这一地区与黄河、长江流域一样,是中国古代文

明的发祥地之一。

　　多年的考古发掘和研究表明,淮河流域东到大海,西至中原腹地,其文化面貌呈现出特有的多元性、过渡性和开放性。从新石器时代裴李岗文化到夏商周的徐夷、淮夷,淮河流域古文化与黄河流域、长江流域一样,都是中华文明的源头之一,在中国古代社会文明化进程中占有重要地位。

　　位于淮河中游的蚌埠市处于安徽省东北部,是古代采珠之地,誉称"珠城"。区内人文资源厚重,历史文化积淀极深,南有帝王故里的凤阳古都,北有霸王别姬的

图10　安徽蚌埠双墩文化遗址

垓下古战场,西有禹王会诸侯的夏朝遗址,东有三国名将的练兵之地,可谓历史悠久,人杰地灵。几千年来,蚌埠人民用勤劳和智慧创造了璀璨的古代文明,留存了丰富的文物古迹和历史名胜。

　　淮河流域是我国中原文化重要发祥地,我国八大古都中的开封、洛阳和郑州就位于该区域。开封古称汴梁,从公元前364年魏惠王迁都梁始,至金灭宋都汴京止,历经七朝更替。洛阳素称"九朝古都",龙门石窟位于市南,是我国三大石窟艺术宝库之一,已被联合国教科文组织列入《世界遗产名录》,存有大小石窟2100多个,10万余尊造像绵延1000多米。嵩山位于登封市西北,是五岳之中岳,国家重点风景名胜区,有太阳、明月、卧龙等72峰雄峙中原,少林寺、中岳庙、嵩岳寺塔、少林武术馆等名扬四方。

　　广阔的地域、悠久的历史,造就了淮河流域丰富的旅游资源。一是古迹众多,淮河文化源远流长,诞生了众多历史人物,现有郑州、曲阜、亳州、淮安等十多座历史文化名城,呈现出特有的地域文化魅力;二是山水秀美,淮河流域山多景美,河渠纵横,库塘众多,湖泊洼地星罗棋布;三是民俗各异,经过世世代代民间艺术家的不断创新和发扬光大,淮河流域形成了独特的地域民俗文化。

　　丰富的旅游资源为淮河流域内各地旅游业的发展提供了有效的载体,可将

旅游业作为加强流域合作的突破口。推进淮河流域旅游产业发展,发挥比较优势,错位发展,差别竞争,展示区域旅游特色。

读一读

洛阳龙门石窟

龙门石窟是中国石刻艺术宝库之一,是国家5A级景区,位于河南省洛阳市南郊伊水两岸的龙门山和香山崖壁上,其中"龙门二十品"是书法魏碑精华。龙门石窟延续时间长,跨越朝代多,以大量的实物形象和文字资料从不同侧面反映了中国古代政治、经济、宗教、文化等诸多领域的发展变化,对中国石窟艺术的创新与发展做出了重大贡献。2000年,龙门石窟被联合国科教文组织列为世界文化遗产。

图11 洛阳龙门石窟

想一想

淮河流域历史悠久,文化积淀深厚,历史文化遗产丰富,有南阳卧龙岗、垓下霸王别姬处等;淮河流域地处南北方交界地带,自古以来是兵家必争之地,著名战役有台儿庄战役、淮海战役等;民间艺术璀璨,如六洲棋、钱杆舞等。你还知道淮河流域存有哪些艺术瑰宝和历史文化遗址?

图12 垓下霸王别姬雕像

图13 六洲棋

读一读

江淮大地从一穷二白到迈向小康

新中国成立以来,特别是改革开放以来,我省城乡居民共享改革发展成果,生活发生了翻天覆地的变化。

新中国成立前,"早晚喝菜粥,中午窝窝头,一天不见油""新三年,旧三年,缝缝补补又三年",几乎是每家每户衣食住行的真实写照。

今天,缺衣少食的尴尬一去不复返。国庆临近,人们的问候语常常是"去哪儿玩?""国内游还是出境游?"

恩格尔系数是指食品支出总额占个人消费支出总额的比重。城镇居民家庭恩格尔系数由1981年的60.5%逐渐下降到2013年的39.1%,农村居民由1954年的74.7%下降到2013年的39.6%,这表明城乡居民生活已经达到小康水平,居民消费结构不断升级,由生存型向享用型、发展型转变。

2012年全省
城镇居民人均可支配收入为 **21024元**
完成规划目标66.6%
农村居民人均纯收入为 **7161元**
完成规划目标67.6%

新型农村社会养老保险参保人数
3165.6万人
完成规划目标90%

城镇参加基本养老保险人数
由2010年末670万人增加到2012年968万人
超过序时进度

全省城镇登记失业率逐年下降
2011年为3.72%
2012年为3.68%
2013年上半年为3.52%
均控制在5%目标内

到2013年上半年
累计实现城镇新增就业159.62万人
完成规划目标53.2%

图14　安徽省2012年经济发展状况

60多年来,在广大农村和城市,社会保障体系日益完善,尤其近10年来,养老、医疗、失业、工伤、生育和农村社会保险制度先后建立,制度框架基本形成。

"小病忍、大病挨、快死才往医院抬"曾是百姓对待生死疾病的真实写照。如今,新型农村合作医疗、城镇居民基本医疗、大病保险、重大传染病医疗救治等各种医疗保障制度让城乡居民能"看得起病,看得好病"。与医疗保障同步,养老、低保、失业、生育等保障也逐步完善。

新中国成立初期,城市里砖坯房、老旧筒子楼比比皆是,一家几代

人"蜗居"一室是常事。农村里歪歪倒倒的草房、土坯房随处可见。如今,百姓的住房变得更大、更美、更舒适。美丽乡村建设、老旧房改造等也圆了农村居民的安居梦。治国有常,利民为本,曾孕育出深厚民本思想的江淮大地,富民和谐之路正越走越宽。

五、阅读与实践

(1)说说淮河流域农业生产类型的空间差异。

(2)简述淮河流域代表性工业部门,并举一例说明其发展的区位优势。

(3)查阅资料,说说淮河流域的历史典故和文化景点。

明光女山火山地貌考察报告[①]

蚌埠市吴岱峰名师工作室

2013年6月10日，在市地理教研员吴岱峰老师的推动下，蚌埠一中地理组组织地理教师和学生对女山地质公园进行了考察，并把考察的部分片段剪辑成视频，作为蚌埠市地理名师工作室成员、蚌埠一中李方平老师全国参赛课例“山地的形成”的教学素材，该课例获得了2013年全国地理优质课评比特等奖。但是，那次考察只是对该火山遗迹表象的观察认识，缺乏深入的研究和分析。基于这种情况，吴岱峰老师决定组织有兴趣的地理老师再进行一次深入的考察，多次召集有关人员开会研究考察事项，搜集相关资料，并提前一周进行了预考察，咨询了部分地质专家，最后大家经过综合考虑和研究，制定了一份详细的考察方案。考察队还聘请了成都地质学院地质学硕士、蚌埠一中王善友老师随队讲解。

2014年1月4日，考察团一行人在欢声笑语中来到了明光市美丽的女山。在到达目的地后，吴岱峰老师首先强调了地理考察的注意事项，随后考察队从女山东部的一条熔岩流通道(龙躺沟)进入考察区域(图1)，顺时针绕女山一圈，途中重点观察了7个考察点，详细了解了女山的形成过程和岩石特点。

一、考察目标

理论联系实际，了解火山地貌的基本形态、岩石等内容，增长见识，积累教学素材。

---

① 本次考察活动特邀成都地质学院地质学硕士、蚌埠一中王善友老师随行讲解，得到蚌埠市教科所、蚌埠十中杨胜工作室、怀远县教研室、固镇县教研室、五河县教研室等许多单位和同行们的大力支持！

图1 考察区域

二、考察时间

冬季为枯水期,便于观察火山口的形态;同时,尽量选择在天气好、自然灾害少的时候,确保安全。

三、考察线路和考察点

在预先进行的地质考察中,我们经过认真的考察和反复的比较,选择了一些典型的考察点,以便队员们能观察到典型的火山地貌、玄武岩剖面、奇异的泉水和烟波浩渺的女山湖,以及小型冲积扇等,并把这些考察点串成一条考察路线。

这次女山地质考察活动,我们设计了如下考察路线:仙人洞(又称仙居石窟)→玉环池(古火山口)→无蚊处→观湖亭→浮石滩→珍珠泉。考察内容分别为:仙人洞的剖面结构、形态和形成;玉环池古火山口的形成;无蚊处无蚊与火山喷发的关系;观湖亭观赏的湖泊与火山的关系;浮石滩的浮石、玄武岩柱状节理、橄榄石包裹体等现象;珍珠泉附近的岩层观察、涌泉、断层;沿途主要考察植被、土壤等。

四、结 论

(一)女山概况

通过考察,老师们了解到女山是一座保存比较完整的单一型火山锥,坐落于安徽省明光市东北部的邵岗乡,距市区约27千米,西临女山湖,呈一孤立的小山拔起于平地之上，平面形态为向南和东开口的马蹄形，形成于新生代新近纪上新世。其火山口平面上呈椭圆形，东西长约1.1千米，南北宽约1千米。中心为火山洼地，底部大致平坦，自东向西略有下降之势，低处积水形成火口湖（玉环池）。火山洼地四周为火山围墙（环形壁垒），受火山活动晚期火山热液硅化作用，火山围墙岩性坚硬，抵抗风化剥蚀的能力较强，其最高点位于北部，海拔101.5米，是女山最高峰；东部较为低矮，有一条熔岩流通道（龙躺沟）穿过。

（二）女山形成及岩性特征

考察队详细考察了女山地区玄武岩的岩性特征、风化特点。

女山山体主要由爆发相的火山碎屑岩和溢流相的基性熔岩互层构成，火山围墙以内岩层向内倾，以外逐渐转为向外倾，总厚度75.26米，层序自上而下为灰色气孔状碱性橄辉玄武岩，厚35.05米；灰色、灰褐色玄武质集块岩，厚4.51米；紫灰色玄武质火山弹集块岩，厚2.39米；灰褐色、紫灰色玄武质集块岩，厚31.45米；灰色气孔状碱性橄辉玄武岩，厚0.93米；灰色玄武质集块岩，厚0.93米。与下伏中新统下草湾组灰绿色砂砾岩、灰黄色细砂砾岩为假整合接触。女山火山锥的岩相组合比较复杂，基本上可分为三个相：爆发相，由玄武质集块岩、玄武质火山弹集块岩和凝灰角砾岩组成；溢流相，由气孔状碱性橄辉玄武岩组成；岩颈相（火山通道相），由气孔状碱性橄辉玄武玢岩组成。火山喷出相韵律结构比较明显，可见两个喷发旋回，每个旋回均以爆发开始、喷溢结束。岩石中含有深源包体。

碱性橄辉玄武岩，斑状结构，气孔状构造。斑晶为橄榄石（10%）和普通辉石（<5%）。橄榄石被熔蚀，普遍沿晶体边缘被分解成伊丁石和氧化铁而呈红褐色边，少数晶体全分解为伊丁石。基质具有显微晶质结构，主要由普通辉石（50%）、碱性长石（10%）、玻璃质（35%）及少量橄榄石、基性斜长石、磁铁矿组成。

玄武质集块岩呈集块结构，集块成分为气孔状碱性橄辉玄武岩、玄武质浮岩及少量结晶片岩。集块大小不等，一般为30厘米，部分可达60厘米。还有少量火山弹，外形似纺锤状、饼状、梨状等，外壳普遍有一圈冷凝边。岩石中含有丰富的尖晶石二辉橄榄岩、斜长石、富铝普通辉石、石榴石等深源包体。

玄武质凝灰角砾岩呈凝灰角砾结构，角砾由碱性橄辉玄武岩、玄武质渣状熔岩及玄武质浮岩组成。角砾大小不等，一般为4~7毫米，含量50%。其余由浮岩岩屑和长石、石英、橄榄石、辉石等晶屑及玻屑组成，以玻屑和岩屑为主。

包体形态不一，有椭球状、棱角状、次棱角状、鸡骨状、方块状等（图3），大小从几厘米到20厘米不等,在寄主岩中分布不均,成分以尖晶石二辉橄榄岩为主,其次为方辉橄榄岩,偶见单辉橄榄岩、尖晶石二辉岩及与其伴生的普通辉石、歪长石、石榴石巨晶。尖晶石二辉橄榄岩由橄榄石、斜方辉石(顽火辉石)、单斜辉石(铬透辉石)、尖晶石等组成。普通辉石巨晶呈黑色、长柱状和厚板状,长轴一般为1~3厘米,大者5~10厘米,解理不明显,多呈贝壳状断口。歪长石巨晶无色透明,厚板状,晶体一般为1~2厘米,含有玻璃质包体,具良好的格子状双晶。石榴石巨晶仅见于火山碎屑岩中,有时与普通辉石、歪长石共存,数量很少。

（三）主要地质遗迹

(1)玉环池(火口湖),地理坐标为北纬32°59′58.4″,东经118°08′20.3″,海拔37.2米,常年保持4~6米的水位。火山喷发结束后,火山口熔岩冷却下沉形成湖盆,积水成湖(图2)。

图2　玉环池

(2)龙躺沟(熔岩流通道),位于火山锥东部,长约300米,横剖面呈"V"字形,表面已被土壤覆盖。

(3)鱼鳞坡(层节理风化),玄武质熔岩在缓慢冷凝过程中形成的一组与熔岩表面平行的层节理,节理面比较平整,倾斜较缓。后期沿该薄弱部位的风化剥蚀作用较为强烈,导致岩石沿层节理面层层不均匀脱落,形成鱼鳞状形态。

(4)瓢儿井(玄武岩层面裂隙泉),地理坐标为北纬32°59′48.2″,东经118°08′09.9″,海拔45.5米,位于上山主干道的南侧。泉水清冽甘醇,周围植被繁茂。

　　(5)地质遗迹,包括典型地质剖面1条、熔岩孔洞1个(仙人洞)、火山矿物质元素集聚点(无蚊处)1个等。其中,火山地质剖面地理坐标为北纬32°59′59.9″,东经118°08′24.9″,由多层气孔状玄武岩和火山灰沉积层相间而成,反映了火山多次喷发的现象,为研究女山火山的喷发旋回提供了很好的资料。仙人洞(图3)地理坐标为北纬32°59′59.2″,东经118°08′25.6″,海拔56.6米。原先为一处道观,30年前深约15~20米,后因风化剥蚀和人工采石修路破坏,现在洞深约2米。关于其成因大致有三种观点:熔岩流在流动过程中,熔岩与火山灰间隔分布,由于热力差异,熔岩二次喷发造成;火山喷发物组分不均匀,堆积凝结成岩后岩性不均,间有大小不等的空隙,后期受重力作用和地表水入浸侵蚀,发生局部塌陷而形成;熔岩表面凝结而底部仍在流动,又无新的熔岩流补充,从而形成了形似隧道的洞穴。无蚊处地理坐标为北纬32°59′55.4″,东经118°08′20.4″,海拔56.6米,面积千余平方米。夏季没有蚊蝇出现,是夏夜消暑的好去处,形成原因是这里的火山熔岩中硫磺等火山矿物质相对集中,升华后发出特殊气味,具有驱虫作用。

图3　仙人洞

　　(6)西部滨湖区地质遗迹,包括综合地质剖面3条(环女山滨湖剖面等)、浮石滩1处、火山构造裂隙泉1处(珍珠泉)、柱状节理3处等。其中,环女山滨湖剖面地理坐标为北纬33°00′02.8″,东经118°07′48.5″,海拔10.9米,沿女山西侧山脚展布,长约200米,可观察到火山灰、火山豆(又称火山泥球,常以碎屑为核心,四周被火山灰围绕,呈同心圆状结构)、火山砾、火山弹等火山活动产物(图4)。

图4　火山活动产物

　　浮石滩地理坐标为北纬33°00′02.0″,东经118°07′48.8″,海拔10.9米,可观察到气孔状玄武岩、浮石(一种多气孔的玻璃质岩石,状似炉渣,质轻,入水浮起)、玄武岩柱状节理(表现为玄武岩层面上大片出露的不规则多边形龟裂,是由于熔岩表面冷却收缩形成不规则裂纹,裂纹垂直向下延伸而形成)、岩浆携带的深源包体、富含有机质和生物碎屑的滨湖沉积物、富含橄榄石颗粒的沙滩等。珍珠泉地理坐标为北纬33°00′02.8″,东经118°07′48.5″,海拔9.8米,由连成串珠状的6个大小不一的扁圆形泉眼组成,连接泉眼的是一个断裂裂隙,走向北北东10°—南南西190°,可见长度约40米。泉水清冽,为低温温泉(水温低于40℃),可以观察到水中有气泡上升。

　　此外,还有地热植被点2个(分别位于观湖亭西侧山坡和火山围墙南部海拔81.5米的山头)、火山壁坎1处等。其他景观有观湖亭、盘龙树等。观湖亭建于2003年8月,六角亭,柱高3.5米,亭高7米。盘龙树是一棵有五百多年树龄的黄连树,高21米,胸围3.3米,冠幅16米,生长旺盛,树冠丰满,树根酷似龙爪。

五、收　获

　　通过考察,队员们一致认为野外考察了解到的实际情况要比教科书直观、生动、丰富,可以弥补教科书的不足。同时,大家还增长了知识,拓宽了视野,领略了自然的神奇秀美,也增进了同事之间的友谊。

图5　女山火山地貌考察组

　　返程路上,吴岱峰老师对这次考察活动进行了总结。他指出,新课改倡导学生学习生活中的地理、有用的地理,而地理考察就是联系生活、亲近自然,这有助于大家更好地引导学生联系生活实际,提高学生学习地理的兴趣。

定远大横山丹霞地貌考察报告

蚌埠市吴岱峰名师工作室

2015年12月17日,蚌埠市地理名师工作室部分老师在市地理学科教研员、地理名师工作室首席名师吴岱峰老师的带领下,对定远县大横山丹霞地貌地质公园进行了为期一天的野外考察。

在地处江淮分水岭的定远县和明光市境内有一处风景名胜之地——大横山。大横山海拔234米,方圆15平方千米,山势平缓,山顶平坦静卧着许多玄武岩。

大横山丹霞地貌(图1)坐落于定远县拂晓乡境内,是著名的红砂沟(红石峡谷)所在地。据安徽省地质专家鉴定,这里的地貌属于丹霞地貌。岩石层遭受外力侵蚀,日积月累,逐渐形成往里凹的形态。山包上的土质松软,呈红色,在重力作用下,垮塌成陡峭的山壁。经过千百万年的演变,形成今天的大横山丹霞地貌分布区。丹霞地貌在安徽省不多见,具有很高的旅游和科研价值。

图1 大衡山丹霞地貌

一、考察目标

考察丹霞地貌,理论联系实际,积累教学素材。

二、考察时间

选择冬季考察大横山较适宜,冬季为枯水期,流水主要位于山沟,地面比较干爽,便于观察丹霞地貌形态。同时,还要尽量选择天气好的时候,以确保考察效果和考察人员的安全。

三、考察线路和考察点

在前期查阅资料和听取他人介绍的基础上,我们经过认真的比较分析,选择了一些典型区域,以便能观察到典型的丹霞地貌、山体的沟谷等。

这次大横山地质考察活动,我们设计了如下考察路线:沿着分布典型丹霞地貌的沟谷一路向山上进行考察,考察完丹霞地貌后,继续上山,到达山顶后从高处观察整个区域的丹霞地貌分布。内容包括:丹霞地貌分布;局部地貌的剖面结构、形态,分析其形成过程。沿途考察河谷两侧山体的植被、土壤等。

四、考察过程

12月17日,考察组一行四人对大横山丹霞地貌地质进行野外考察。早晨7:30从蚌埠出发,9:00左右到达明光市,按照导航提示逐渐接近大横山。远看大横山,没有一般山体的尖顶、浑圆,山顶比较平坦,跟我们第一次考察的明光市女山火山地质公园有些相像。

慢慢靠近大横山,道路两侧土壤出现褐红色,到了山脚下,感觉山体不高,首先映入眼帘的是不足一平方米的芦苇地,通过仔细观察发现,芦苇主要分布在山谷下方的一块洼地中。由于此处积水,山谷和洼地过渡地带有明显的流水侵蚀的痕迹。沿着山谷往上有一片面积不大且没有植被覆盖的山坡,通体呈现红色。再沿着山谷向上,有两处面积较大,形态奇异的丹霞地貌景观。由于长年累月的风力和流水作用,山体姿态各异(图2)。有的像游动的水蛇;有的像爬行的乌龟,龟首昂起;有的像正在过河的水

图2   山体景观

牛,"牛头"浮于水面,牛角分明,鼻子、嘴巴突出,栩栩如生。

在考察过程中发现不少沟谷中有很多大小不同、形态各异的玄武岩,有气

孔、流纹构造，可能是火山喷发形成的。

红石峡谷考察结束后，继续向上，到山顶考察整个区域的丹霞地貌分布情况。由于在丹霞地貌区域发现有玄武岩，我们判断山顶应有火山地貌存在。到达山顶后，发现山顶地势平坦，地面分布着大量大小不等、形态各异的玄武岩石，有很多类似火山蛋的岩石（图3），在山顶上，我们发现了两个大小略有差异的小湖泊，大家判断这里可能是火山口，积水成湖。山下红石峡谷中大小不等的玄武岩块与山顶火山喷发之间的关系，火山喷发的证据、火山地貌等还需要进一步研究。

图3　岩　石

五、收　获

野外地理现象比教科书直观、生动、丰富，帮助我们更加深刻地理解教科书的内容，弥补了对教科书理解的不足。同时，大家还增长了知识，拓宽了视野，领略了自然的神奇秀美，也增进了同事之间的友谊。

地理野外考察是以地理环境为对象的实地调查和观测，通过考察，可以了解考察地区的自然地理环境各要素之间的关系。我们虽然在本次考察中有所收获，但仍然较肤浅，还应对考察的地理事物和地理现象进行认真分析，对于采集的标本、样品还需要进一步研究，并得出相应的结论等。因此，在今后的考察学习中，我们还要不断改进和完善，使考察活动更加充实。